Promesse d'amour

Carnet de route des fiancés

Parcours de préparation au mariage à l'Église

Droguet & Ardant – Edifa

Voici mon bien-aimé qui vient ! Il escalade les montagnes, il franchit les collines, il accourt comme la gazelle, comme le petit d'une biche. Le voici qui se tient derrière notre mur ; il regarde par la fenêtre, il guette à travers le treillage. Mon bien-aimé a parlé ; il m'a dit : « Lève-toi, mon amie, viens, ma toute belle. Ma colombe, blottie dans le rocher, cachée dans la falaise, montre-moi ton visage, fais-moi entendre ta voix ; car ta voix est douce, et ton visage est beau. » Mon bien-aimé est à moi, et moi je suis à lui.

Il m'a dit : « Que mon nom soit gravé dans ton cœur, qu'il soit marqué sur ton bras. » Car l'amour est fort comme la mort, la passion est implacable comme l'abîme. Ses flammes sont des flammes brûlantes, c'est un feu divin ! Les torrents ne peuvent éteindre l'amour, les fleuves ne l'emporteront pas.

Cantique des Cantiques 2,8-10.14-16 ; 8,6-7a

Vous êtes venus vers l'Église…
Vous avez déjà rencontré un prêtre, un diacre ou un laïc. Vous lui avez annoncé cette décision, tellement importante, et peut-être longuement mûrie : « Nous voulons nous marier. »

L'Église se réjouit avec vous et s'engage auprès de vous. Ne vous inquiétez pas des choses matérielles ; pour le dossier et la cérémonie, tout vous sera expliqué en temps opportun. Pour le moment, donnez la priorité à votre préparation humaine et spirituelle. Elle va orienter toute votre vie et vous ne la vivrez qu'une fois !

Comment va se dérouler cette préparation ?

◆ Vous rencontrerez régulièrement celui ou ceux qui vous accompagnent. Même si votre agenda est déjà chargé, ces rencontres sont une priorité. Votre mariage est désormais l'essentiel de votre vie.

◆ Vous vous réserverez chaque semaine un moment particulier, en tête-à-tête, que nous appelons ici : « une heure pour nous ». Soyez très fidèles à ce rendez-vous. La joie et la fécondité de votre démarche dépendent pour une large part de la régularité de cet échange. **C'est un engagement que vous prenez ensemble, maintenant, en toute liberté.** Les pages qui suivent vous expliqueront comment faire.

◆ Vous rencontrerez également un prêtre de votre paroisse et/ou celui qui célèbrera votre mariage.

◆ Vous vivrez, si possible, un week-end de préparation avec d'autres fiancés.

Ce temps de préparation de votre mariage est un moment exceptionnel dans votre vie. Profitez-en pleinement !

Bonne route !

Une heure pour nous

Pour ces rendez-vous, vous avez seulement besoin :

- Du *Carnet de route des fiancés* et du *Carnet de notes* qui l'accompagne puisque vous allez l'écrire ensemble chaque semaine.
- Si possible, d'une Bible.

Ces rendez-vous seront particulièrement fructueux si vous veillez à respecter leur déroulement en quatre temps. Commençons dès maintenant !

1er temps : trouver le calme

Vous avez besoin de calme. Mettez vos téléphones sur messagerie et accordez-vous ce luxe d'être seuls au monde. Si votre journée a débordé d'activités ou de soucis, prenez le temps de vous en libérer ; pour cela, parlez-en entre vous avant que ne commence votre « heure pour nous » afin d'en être « déchargés ». Dites-vous un mot d'amour, puis prenez quelques instants de silence, pour vous mettre en présence de Dieu.

Une fois dans la paix, nous vous proposons, si vous êtes baptisé(e), de faire le beau geste du signe de la croix, en disant, à voix haute, bien ensemble : « Au nom du Père, et du Fils, et du Saint-Esprit. »

2e temps : méditer la parole de Dieu

Au cours de la célébration de votre mariage, le célébrant vous adressera ces mots : « Vous avez écouté la parole de Dieu, qui a révélé aux hommes le sens de l'amour et du mariage… »

En effet, la parole de Dieu est au cœur de la foi chrétienne, elle en est la source et la lumière. C'est pourquoi, chaque semaine, vous méditerez un passage de la Bible dont vous trouverez le texte dans ce *Carnet de route*. Apprendre à méditer la parole de Dieu sera le travail de cette première « heure pour nous ». Les pages suivantes vous expliquent comment faire.

Une affirmation de la foi : c'est la parole d'un Vivant

La parole de Dieu n'est ni un récit mythologique, ni la trace lointaine d'un passé plus ou moins révolu. Elle est la parole du Dieu Vivant. Pour les chrétiens, Jésus, vrai Dieu et vrai homme, mort et ressuscité, est au cœur de cette Parole, il est cette Parole. Lui-même nous a affirmé : « Et moi je suis avec vous tous les jours jusqu'à la fin du monde » (Matthieu 28,20).

Écouter la Parole

Les hommes, parfois, se parlent sans se comprendre. Ils s'entendent, mais ne s'écoutent pas. Et ce qui est vrai au niveau humain l'est davantage encore quand Dieu s'adresse à l'homme. Pas étonnant que la Bible retentisse sans cesse de cet appel qui rythme la vie du juif croyant : « Écoute, Israël ! »

Conseils

◆ Que l'un de vous lise le texte à voix haute, pour bien signifier qu'il s'agit de la parole d'un Vivant.

◆ Mettez-vous « en situation ». C'est à chacun et à vous deux que s'adresse cette Parole, ici et maintenant.

◆ Posez-vous des questions concrètes et simples : Qui parle ? Qu'est-il dit ? Quels sont les faits, les actes posés ? Par qui ? Avec quel(s) résultat(s) ? Aidez-vous mutuellement à lire, à écouter. Il ne s'agit pas d'entrer dans un débat contradictoire, mais d'apprendre, ensemble, à écouter et à comprendre en vérité. Car nous sommes toujours tentés d'interpréter la parole de Dieu et de la « retailler » selon nos vues. Entendons-la telle qu'elle est !

Voici en page suivante la page d'Évangile que nous vous proposons de relire aujourd'hui. Vous l'avez déjà entendue lors de votre première rencontre avec celui qui vous a accueillis ; relisez-la en appliquant les conseils ci-dessus.

Le lendemain, Jean Baptiste se trouvait de nouveau avec deux de ses disciples. Posant son regard sur Jésus qui allait et venait, il dit : « Voici l'Agneau de Dieu. »
Les deux disciples entendirent cette parole, et ils suivirent Jésus. Celui-ci se retourna, vit qu'ils le suivaient, et leur dit : « Que cherchez-vous ? » Ils lui répondirent : « Rabbi (c'est-à-dire : Maître), où demeures-tu ? » Il leur dit : « Venez, et vous verrez. » Ils l'accompagnèrent, ils virent où il demeurait, et ils restèrent auprès de lui ce jour-là. C'était vers quatre heures du soir.

Jean 1,35-39

Nous sommes au tout début de la vie publique de Jésus, qui a un peu plus de trente ans. Il vient d'être baptisé par Jean Baptiste. Et Jean, que le peuple juif considère comme un prophète, appelle ses très nombreux disciples à suivre Jésus : « C'est lui l'envoyé de Dieu, c'est lui qu'il faut écouter… »

Vous êtes aujourd'hui comme ces deux disciples. Vous avez écouté l'invitation de celui qui vous a accueillis ; vous suivez Jésus en prenant ce temps pour méditer et prier ; Jésus, aujourd'hui, se retourne vers vous, pour vous poser la même question : « Que cherchez-vous ? » Pourquoi êtes-vous venus demander le mariage à l'Église ? Qu'attendez-vous de votre mariage ? Que demandez-vous à Dieu ?

Vous venez d'écouter la parole de Dieu. Maintenant, séparez-vous quelques instants afin que chacun de vous puisse répondre personnellement à cette question de Jésus : « Que cherches-tu ? » Après avoir écrit vos deux réponses dans votre *Carnet de notes* (pp. 2 et 3), vous entrez en dialogue à partir de ce que vous avez écrit.

Garder la Parole dans son cœur

La parole de Dieu est comme la rosée qui vient abreuver la terre. Légère, impalpable, elle ne descend que si la terre est déjà préparée. Pour que la Parole puisse porter du fruit, votre cœur doit s'ouvrir. Une fois que vous avez écouté, il faut accueillir.

Conseils

◆ Après avoir scruté cette Parole, ensemble, pour bien la comprendre, l'un d'entre vous la relit à mi-voix, lentement.

◆ Vous prenez alors un temps de silence pour qu'elle pénètre dans votre cœur. Vous pouvez garder les yeux fixés sur le texte, pour relire tel ou tel verset, toujours en silence. Ce moment peut durer deux ou trois minutes.

Entendre une bonne nouvelle pour soi

La parole de Dieu est une promesse qui vous est faite, une bonne nouvelle qui vous est annoncée. Elle n'est pas forcément la même pour chacun. Peut-être aussi entendrez-vous quelque chose de différent dans un mois ou dans un an. Mais vous êtes, aujourd'hui, appelés chacun à croire Dieu sur parole.

Conseils

◆ N'ayez pas peur des deux ou trois minutes de silence. Il faut faire silence pour rencontrer l'autre. Il faut faire silence pour rencontrer Dieu.

◆ Chacun d'entre vous, pendant le temps de silence, peut dire à voix haute, mais de façon très brève, la promesse, ou la bonne nouvelle qu'il a entendue. Par exemple : « Jésus, tu me reçois, chez toi. » Ou bien : « Je peux demeurer avec toi, Jésus. » Vous pouvez également garder le secret que Dieu vous a murmuré.

◆ Vous accueillerez ce que dit l'autre comme un cadeau, offert par amour.

Ne pas avoir peur

La parole de Dieu, si on l'écoute en vérité, ne laisse pas indifférent car elle « sonde les reins et les cœurs ». À certains moments, vous serez peut-être confrontés à des affirmations qui bouleverseront vos façons de penser, et qui vous appelleront à vivre autrement.

Ne craignez pas ! Il faut toute une vie pour grandir dans l'amour. Dieu vous appelle à la sainteté, parce qu'il vous aime. Il ne vous demandera jamais l'impossible. L'impossible, il le donne…

Si vous avez eu des difficultés à vivre ce deuxième temps, n'hésitez pas à en parler à celui ou celle qui vous accompagne. Il (elle) vous aidera.

3e temps : la réflexion et la discussion

C'est un temps que vous vivrez dans vos prochains rendez-vous après avoir, durant environ un quart d'heure, médité la parole de Dieu.
Ensuite, prenez un temps relativement long (45 minutes environ) pour réfléchir et discuter entre vous. Ainsi, chaque semaine, vous approfondirez un aspect du mariage chrétien. Cet échange sera de deux ordres : l'un concerne la foi de l'Église, l'autre plus directement votre vie de tous les jours.

Vous lirez d'abord « **Ce que nous dit la foi chrétienne** » et vous prendrez le temps d'échanger sur les questions que cela vous pose, sur vos doutes et vos certitudes. Avoir la foi ce n'est pas adhérer à une série de principes auxquels on croit aveuglément, sans discernement. Avoir la foi c'est vouloir comprendre (et en prendre les moyens) ce que nous dit l'Église au nom de Jésus-Christ. Cette compréhension ne se fait pas en un jour, ni une fois pour toutes. La foi est un chemin de toute une vie, de votre vie. L'Église a mission de vous aider et de vous guider sur ce chemin.

Cela vous conduira à réfléchir et à faire des choix précis dans votre vie personnelle, dès aujourd'hui et pour l'avenir. Vous serez aidés en cela par « **Des questions à discuter** » très concrètes qui pourront alimenter votre dialogue. Mais attention, il n'y a pas de « bonnes » réponses ! Ces questions ne sont là que pour vous aider. Certaines sont rédigées à la première personne et chacun de vous y répond alors pour lui-même. D'autres sont rédigées à la deuxième personne et dans ce cas chacun répond pour l'autre. Enfin, certaines questions supposent que vous réfléchissiez tous les deux pour y répondre ensemble. Il se peut que vous ne soyez pas toujours dans un accord parfait, mais en tout cas ces échanges doivent vous permettre de vous connaître en profondeur et de vous parler en vérité.

Cette réflexion doit vous amener à noter sur votre *Carnet de notes* :

- Vos découvertes.
- Les questions que vous voudriez aborder avec votre accompagnateur.

- Vos débats, résolus ou non.
- Ce qui vous a choqué, ou ce avec quoi vous n'êtes pas d'accord.
- Un point que vous voudriez éclaircir sur le texte biblique ou sur les affirmations de la foi.

Vos notes vous serviront aussi d'aide-mémoire lors de la rencontre avec votre accompagnateur. Sans notes, l'expérience montre qu'on oublie à peu près tout… Mais vous écrirez peut-être beaucoup plus sur votre *Carnet de notes* que ce que vous direz à votre accompagnateur.

Après ce temps de dialogue, il vous restera peut-être beaucoup de choses à débattre. C'est heureux, vous avez toute votre vie pour en discuter. Pour l'heure, arrêtez-vous, vous reprendrez le sujet plus tard. On ne fait jamais le tour de la question. Mais prolonger un débat n'est pas le meilleur moyen de se dire les choses avec calme et mesure.
Il se peut, à l'inverse, que vous soyez « secs ». Certains thèmes peuvent ne pas vous inspirer. Ce n'est pas grave mais il peut être utile d'en parler à votre accompagnateur.

4e temps : la prière

Vous conclurez chaque « heure pour nous » par une prière. Nous vous en proposons pour chacune de vos rencontres, mais vous pouvez aussi choisir d'autres textes, d'autres supports. Ce qui compte, c'est que vous terminiez votre « heure pour nous » par un élan du cœur vers Dieu. Vous rassemblerez tout ce que vous venez de vivre, vous l'offrirez à Dieu, vous lui direz votre reconnaissance et votre amour.

Aujourd'hui, pour conclure cette première « heure pour nous », nous vous proposons en page suivante une prière. Lisez-la, lentement, tous les deux, à mi-voix, à l'unisson. Goûtez-en tous les mots pour les graver dans votre cœur.

Prière des fiancés au début de leur préparation

Seigneur notre Dieu, nous sommes venus vers ton Église, pour préparer notre mariage.

Tu veux qu'en construisant notre foyer, nous cherchions à nous aimer chaque jour davantage. Tu veux que nous connaissions le Christ, et suivions son exemple, lui qui nous a aimés jusqu'à mourir sur une croix.
Bénis, protège et fortifie notre amour. Qu'il soutienne notre fidélité, qu'il nous rende heureux et nous fasse découvrir la joie du don total à celui qu'on aime.

Que notre amour, semblable à ton amour, Seigneur, devienne une source de vie ; qu'il nous garde attentifs aux appels de nos frères, et que notre futur foyer soit ouvert aux autres.

Que nous prenions une part active à la construction d'un monde plus juste et fraternel, et qu'ainsi, nous soyons fidèles à notre vocation d'homme et de femme. Amen !

D'après la cinquième bénédiction nuptiale

Si vous êtes baptisé(e), et si vous le désirez, nous vous proposons de terminer cette heure, comme vous l'avez commencée, par le signe de la croix : « Au nom du Père, et du Fils, et du Saint-Esprit. »

Un petit bilan

Vous avez fait vos premiers pas sur le chemin qui vous conduira à la célébration de votre mariage. Prenez maintenant quelques minutes pour faire un petit bilan de cette première « heure pour nous » que vous venez de vivre. Vous pourrez en parler avec votre accompagnateur lors de votre prochaine rencontre.

- Comment s'est-elle passée ?
- Avez-vous été heureux ?
- Quelles ont été les difficultés ?

On vous a proposé de prendre une décision importante. C'est le moment de la confirmer :

- Avez-vous décidé de rester fidèles à ce rendez-vous hebdomadaire « une heure pour nous » ?
- Souhaitez-vous faire autrement ? Comment ?

Il s'agit pour l'instant de bien mettre en place la « feuille de route », pour ce chemin que vous mettrez plusieurs mois à parcourir. Si les choses sont bien claires, vous vivrez vos rendez-vous « une heure pour nous » dans une grande liberté. Et vous constaterez avec joie qu'ils portent du fruit. Cela vaut donc la peine de prendre un peu de temps pour cela.

Vous avez aussi compris que la parole de Dieu sera au cœur de votre préparation au mariage :

- Cela vous a-t-il surpris ? Pourquoi ?
- Avez-vous pu dialoguer ensemble sur le passage proposé ?
- La méditation silencieuse vous a-t-elle aidés ou au contraire « bloqués » ?
- Avez-vous perçu un lien entre le texte de l'Évangile et votre situation à ce moment de votre vie ?

Deuxième rencontre d'accueil

Cette page est à utiliser lors de votre deuxième rencontre avec celui qui vous a accueillis la première fois.

Le lendemain, Jean Baptiste se trouvait de nouveau avec deux de ses disciples. Posant son regard sur Jésus qui allait et venait, il dit : « Voici l'Agneau de Dieu. »
Les deux disciples entendirent cette parole, et ils suivirent Jésus. Celui-ci se retourna, vit qu'ils le suivaient, et leur dit : « Que cherchez-vous ? » Ils lui répondirent : « Rabbi (c'est-à-dire : Maître), où demeures-tu ? » Il leur dit : « Venez, et vous verrez. » Ils l'accompagnèrent, ils virent où il demeurait, et ils restèrent auprès de lui ce jour-là. C'était vers quatre heures du soir.

Jean 1,35-39

Jésus et ses disciples arrivent à Jéricho. Et tandis que Jésus sortait de Jéricho avec ses disciples et une foule nombreuse, un mendiant aveugle, Bartimée, le fils de Timée, était assis au bord de la route. Apprenant que c'était Jésus de Nazareth, il se mit à crier : « Jésus, fils de David, aie pitié de moi ! » Beaucoup de gens l'interpellaient vivement pour le faire taire, mais il criait de plus belle : « Fils de David, aie pitié de moi ! » Jésus s'arrête et dit : « Appelez-le. » On appelle donc l'aveugle, et on lui dit : « Confiance, lève-toi ; il t'appelle. » L'aveugle jeta son manteau, bondit et courut vers Jésus. Jésus lui dit : « Que veux-tu que je fasse pour toi ?
– Rabbouni, que je voie. » Et Jésus lui dit : « Va, ta foi t'a sauvé. » Aussitôt l'homme se mit à voir, et il suivait Jésus sur la route.

Marc 10,46-52

L'un des récits – celui de saint Jean – se passe au tout début du ministère public de Jésus. L'autre – celui de saint Marc – se passe quelques jours ou quelques semaines avant que Jésus n'arrive à Jérusalem pour y souffrir sa Passion. Dans les deux cas, il s'agit d'une rencontre entre Jésus et des hommes qui attendent quelque chose de lui et qui désirent le suivre. Il est intéressant d'entendre ce que dit Jésus, de voir comment il agit et comment les hommes l'abordent et l'accueillent. Les « façons de faire » du Seigneur ne sont pas différentes pour nous aujourd'hui. C'est à nous que Jésus pose une question précise. C'est à Jésus que nous adressons notre demande, celle de vivre avec lui, celle de recouvrer la vue. Nous sommes comme les deux disciples, nous sommes aussi comme Bartimée. Cela peut nous éclairer sur notre façon de suivre Jésus.

Quelques questions à se poser :

- Que nous dit-on de Jésus au début de chaque récit ?
- Quels noms sont donnés à Jésus ? Par qui ? Que signifient-ils ?
- Que dit Jésus à ceux qui veulent le rencontrer ? Pourquoi ?
- Que font ceux qui veulent rencontrer Jésus ?
- Quelle est la condition pour « rencontrer » Jésus ?
- Y a-t-il quelque chose qui nous intrigue dans chacun de ces passages ?

Quelle sera votre attitude spirituelle au cours de la préparation au mariage ? Les questions suivantes peuvent vous aider à décider.

- Voulons-nous faire comme les deux disciples ?
- Suis-je comme Bartimée ? Pourquoi ?
- Que disons-nous de Jésus ?
- Quel chemin prenons-nous ?
- Quelle joie nous est annoncée ?
- Quel appel nous est adressé ?

Vous entendrez ces questions dans le fond de votre cœur, pour ensuite les partager et les approfondir ensemble. Ensemble, vous déciderez de parcourir cette route commune, la main dans la main…

1re étape

Le dessein d'amour de Dieu

Ire étape

Vous avez pris l'engagement d'un rendez-vous par semaine, faites tout pour y rester fidèles. Des événements imprévus peuvent survenir, mais s'il en survient trop, c'est que vous n'avez peut-être pas donné la priorité à ce temps privilégié. Soyez vrais, même si vous constatez une difficulté à entrer dans cette démarche. Ce sera une façon de vous dire le sérieux de votre amour. Ce sera un premier acte de fidélité.

C'est le moment de cocher sur vos agendas les dates de vos deux prochains tête-à-tête : « une heure pour nous ».

Avant chaque rendez-vous, reportez-vous aux premières pages de ce carnet. Elles vous aideront, tant que vous n'êtes pas parfaitement « rodés », à bien vivre ces moments. Si vous rencontrez quelque difficulté, n'hésitez pas à en parler à votre accompagnateur, il est là pour vous aider.

Ne vous embourbez pas sans le dire, vous gâcheriez un moment important. Profitez-en pour apprendre à vous écouter, à dialoguer, à aller à l'essentiel.

Au cours de cette étape, vous rencontrerez votre accompagnateur plusieurs fois. Ces rencontres ne seront fécondes que si vous les préparez. Lui aussi d'ailleurs aura à cœur de s'y préparer. Vous recevrez à la mesure de ce que vous apporterez. Vous l'avez bien compris, tout dépend de vous. Ceux qui vous accompagnent se mettent à votre service, en témoins du Christ. Ils prennent au sérieux votre démarche, et comptent sur votre travail, sur votre fidélité… Le Christ aussi, soit dit en passant !

Bonne route, donc…

Dieu est l'auteur de l'Alliance

À son image il nous créa

Homme et femme il nous créa

Dieu veut étendre à l'homme la participation à la vie divine elle-même.

Lettre aux familles (Jean-Paul II)

À son image il nous créa

Au commencement, Dieu dit : « Faisons l'homme à notre image, selon notre ressemblance. Qu'il soit le maître des poissons de la mer, des oiseaux du ciel, des bestiaux, de toutes les bêtes sauvages et de toutes les bestioles qui vont et viennent sur la terre. » Dieu créa l'homme à son image, à l'image de Dieu, il le créa, il les créa homme et femme.
Dieu les bénit et leur dit : « Soyez féconds et multipliez-vous, remplissez la terre et soumettez-la. Soyez les maîtres des poissons de la mer, des oiseaux du ciel et de tous les animaux qui vont et viennent sur la terre. » Et Dieu vit tout ce qu'il avait fait : c'était très bon.

Genèse 1,26-28.31a

Ces versets viennent en conclusion du magnifique récit de la Création. Ils en sont comme le sommet, le point culminant, le lieu d'où l'on peut contempler toute l'œuvre du créateur.

Mais l'humanité – homme et femme – n'est pas le chef-d'œuvre de la Création comme on pourrait le dire de l'œuvre majeure d'un artiste, un peu plus accomplie, un peu plus parfaite que les autres. Non, l'homme est au sommet de la Création parce qu'il a une destinée unique, celle d'être à la ressemblance de Dieu. Et ceci est proprement vertigineux !

Nous savons bien, et l'auteur biblique avant nous, que le monde ne s'est pas fait en sept jours. Ce que ce récit nous donne de comprendre ce n'est pas comment Dieu a fait le monde mais pour quoi il l'a créé. Le monde est fait pour l'homme et l'homme est l'image de Dieu en ce monde.

Comme toute créature nous avons à nous recevoir de notre créateur, à nous laisser façonner par lui afin que nos traits soient de plus en plus conformes à son image. Et pour cela il nous faut le laisser habiter en nous jour après jour.

Ce que nous dit la foi chrétienne

Dieu est le Créateur de toute chose.
- ◆ Dieu nous a créés par amour.
- ◆ Tout nous a été donné : la vie, les talents, le fait d'être homme ou femme, et même notre attirance mutuelle.

« Faisons l'homme à notre image. » « Il les créa homme et femme. »
- ◆ L'amour conjugal est aussi une création de Dieu.
- ◆ Un homme et une femme qui s'aiment en vérité révèlent que Dieu est communion d'amour.

Dieu associe l'homme et la femme à son œuvre.
- ◆ Le couple achève, par son travail, la Création qui lui est confiée.
- ◆ Dieu, l'auteur de la vie, confie au couple humain le don de la vie.

Des questions à discuter

Reportez-vous à votre *Carnet de notes* page 5.

Notre prière

Pour louer Dieu qui nous a tout donné

Alléluia, louez le Seigneur, alléluia, alléluia !

Louez le Seigneur du haut des cieux,
louez-le dans les hauteurs.
Vous, tous ses anges, louez-le,
louez-le, tous les univers.

Louez-le, soleil et lune,
louez-le, tous les astres de lumière ;
vous, cieux des cieux, louez-le,
et vous les eaux des hauteurs des cieux.

Les rois de la terre et tous les peuples,
les princes et tous les juges de la terre ;
tous les jeunes gens et jeunes filles,
les vieillards, comme les enfants.

Qu'ils louent le nom du Seigneur,
le seul au-dessus de tout nom ;
sur le ciel et sur la terre, sa splendeur :
il accroît la vigueur de son peuple.

Psaume 148

Homme et femme il nous créa

Au commencement, le Seigneur Dieu dit : « Il n'est pas bon que l'homme soit seul. Je vais lui faire une aide qui lui correspondra. » Avec de la terre, le Seigneur Dieu façonna toutes les bêtes des champs et tous les oiseaux du ciel, et il les amena vers l'homme pour voir quels noms il leur donnerait. L'homme donna donc leurs noms à tous les animaux, aux oiseaux du ciel et à toutes les bêtes des champs. Mais il ne trouva aucune aide qui lui corresponde. Alors le Seigneur Dieu fit tomber sur lui un sommeil mystérieux, et l'homme s'endormit. Le Seigneur Dieu prit de la chair dans son côté, puis il referma. Avec ce qu'il avait pris à l'homme, il forma une femme et il l'amena vers l'homme. L'homme dit alors : « Cette fois-ci, voilà l'os de mes os et la chair de ma chair ! On l'appellera : "femme". » À cause de cela l'homme quittera son père et sa mère, il s'attachera à sa femme, et tous deux ne feront plus qu'un.

Genèse 2,18-24

Vous méditez, aujourd'hui, le deuxième récit de la Création – un texte tout à fait différent de celui que vous avez lu la dernière fois. Même s'il est acquis que l'auteur ne nous « décrit » pas des faits, pourquoi une telle divergence entre les deux chapitres ?

Un mystère, c'est un secret que Dieu révèle. Et comme nos mots humains sont incapables de l'expliquer de façon univoque, il faut le dire plusieurs fois, différemment. Alors que le premier récit insistait sur l'égale dignité de l'homme et de la femme, créés à l'image de Dieu, ce deuxième récit conduit à se poser la question de l'altérité. Homme et femme, si semblables, sont pourtant si différents. Pourquoi Dieu a-t-il voulu cela ?

Quant au mot « aide » employé pour parler de celle qui dort aux côtés de l'homme, il ne faut y voir aucun caractère de subordination. Dans la Bible, seul Dieu est une « aide » pour l'homme, et spécialement quand il est en danger. Appeler la femme ainsi indique sa mission spécifique et l'immense estime que l'homme doit lui manifester.

Ce que nous dit la foi chrétienne

« Homme et femme il les créa. »
- L'altérité sexuelle est un grand bien voulu par Dieu.
- L'altérité sexuelle permet la communion des personnes et la fécondité.

« Ils ne feront plus qu'un. »
- Ce « un » en « deux » est une Création nouvelle que réalise le mariage.
- La cohabitation est un commerce amoureux, le mariage une communion.

Dieu, qui est unique, est Père, Fils et Saint-Esprit.
- La communion conjugale permet de connaître Dieu.
- L'amour conjugal est participation à la vie de Dieu.

Des questions à discuter

Reportez-vous à votre *Carnet de notes* page 6.

Notre prière

Pour rendre grâce

Père très saint, Dieu éternel et tout-puissant,
nous voulons, aujourd'hui et ici,
te remercier pour tous tes dons.

Car tu as voulu que, créés par ta bonté,
nous atteignions une telle grandeur
que notre affection
soit une image de ton amour ;
Et nous, que tu as ainsi créés
parce que tu nous aimes,
tu nous appelles sans cesse
à aimer comme toi
pour nous donner part à ton amour éternel.

Seigneur, nous te rendons grâce,
car notre mariage,
qui nous révèlera ton amour,
consacrera aussi notre amour,
par le Christ notre Seigneur.

Par lui, avec les anges et tous les saints,
nous chantons l'hymne de ta gloire
et sans fin nous proclamons que tu es saint !

D'après la troisième préface du mariage

Pour préparer votre prochaine rencontre

Vous venez de vivre deux « heures pour nous » et vous allez maintenant rencontrer votre accompagnateur.
Il faut préparer cette rencontre, donc prendre quelques minutes pour faire le point à deux. Qu'avez-vous vécu lors de ces rendez-vous ? Des moments de joie ? Un cœur à cœur dans la paix ? Des incompréhensions, des surprises, de l'ennui peut-être ? Quelles difficultés avez-vous rencontrées ? Comment avez-vous vécu la méditation de la parole de Dieu ? La réflexion vous a-t-elle permis de mieux vous connaître ? Vous a-t-elle fait grandir ?

Pour préparer cette rencontre, reprenez votre *Carnet de notes*. Ce carnet vous appartient, il ne regarde que vous. Vous choisirez d'y noter ce que vous allez partager, les découvertes qui vous ont réjouis, les questions que vous vous posez, les débats qui n'ont pas abouti, les désaccords avec ce que vous avez lu, les conseils que vous souhaitez demander.

Vous préparez votre mariage à l'Église. Quelles sont vos questions sur la foi, sur votre foi à chacun ? La parole de Dieu vous a-t-elle paru obscure ? Vous a-t-elle choqués ? Avez-vous besoin d'explications pour mieux la comprendre et la goûter ?

Il faut aussi penser aux choses matérielles !

Rien ne presse a priori, mais mieux vaut faire les choses à temps ! Pour qu'il puisse constituer votre dossier de mariage, votre accompagnateur aura besoin des renseignements et des pièces suivants.

Le plus urgent

Date et lieu de baptême du fiancé.
Date et lieu de baptême de la fiancée.

En préparant les pièces pour le mariage civil

Notez bien qu'il faut plusieurs semaines pour préparer un mariage civil. Vous passerez un examen médical prénuptial et vous aurez à voir un notaire si vous faites un contrat de mariage. Parfois la date peut poser des problèmes.
Pour votre mariage civil, vous devrez fournir des extraits de naissance récents. Demandez-en plusieurs, car ils sont aussi nécessaires pour constituer le dossier de mariage à l'Église.
Vous devez indiquer à votre accompagnateur le jour et la mairie de votre mariage civil, et lui fournir un extrait de l'acte de mariage. Si votre mariage civil est célébré le jour de votre mariage religieux, vous apporterez l'extrait au curé de la paroisse où votre mariage religieux est célébré.

Un contact à prendre dès le début de votre préparation

Vous avez très probablement déjà rencontré le curé de la paroisse où vous désirez célébrer votre mariage. Sinon, il faut le faire tout de suite. C'est avec lui que vous déciderez de la date et de l'heure de la célébration, c'est à lui que vous direz quel prêtre ou quel diacre vous souhaitez. Vous lui préciserez où vous faites votre préparation au mariage et qui constitue le dossier. Voyez tout cela avec votre accompagnateur.

Transmettez à votre accompagnateur le nom, l'adresse et les coordonnées téléphoniques du curé de la paroisse de votre mariage, ainsi que le nom, la commune et le code postal de la paroisse.

Plus tard vous aurez à fournir

Vos lettres d'intention.
Les noms de vos témoins de mariage religieux.

Ce que Dieu veut pour notre alliance

Mon engagement est pour toute la vie

Nous voulons des enfants

Le mariage consiste en une alliance par laquelle un homme et une femme constituent entre eux une communauté de toute la vie, ordonnée par son caractère naturel au bien des conjoints ainsi qu'à la génération et à l'éducation des enfants.

Lettre aux familles (Jean-Paul II)

Mon engagement est pour toute la vie

Des pharisiens s'approchèrent de Jésus pour le mettre à l'épreuve ; ils lui demandèrent : « Est-il permis de renvoyer sa femme pour n'importe quel motif ? » Il répondit : « N'avez-vous pas lu l'Écriture ? Au commencement, le Créateur les fit homme et femme, et il leur dit : "Voilà pourquoi l'homme quittera son père et sa mère, il s'attachera à sa femme, et tous deux ne feront plus qu'un." À cause de cela, ils ne sont plus deux, mais un seul. Donc, ce que Dieu a uni, que l'homme ne le sépare pas ! » Les pharisiens lui répliquent : « Pourquoi donc Moïse a-t-il prescrit la remise d'un acte de divorce avant la séparation ? » Jésus leur répond : « C'est en raison de votre endurcissement que Moïse vous a concédé de renvoyer vos femmes. Mais au commencement, il n'en était pas ainsi. Or je vous le dis : si quelqu'un renvoie sa femme pour en épouser une autre, il est adultère. »

Matthieu 19,3-9

Mettre à l'épreuve une personne ne signifie pas, a priori, vouloir la « piéger » mais lui demander de faire la vérité sur un sujet délicat. Si Jésus dit que l'on peut répudier sa femme, il est en opposition avec le passage de l'Écriture qu'il cite ici : « Ils ne sont plus qu'un. » Mais si, au contraire, il affirme impossible de le faire, il contredit la prescription de Moïse.

Jésus rappelle à ses interlocuteurs la seule question fondamentale : qu'est-ce que Dieu a décidé « au commencement », c'est-à-dire de toute éternité ? Il a voulu entre l'homme et la femme une union irrévocable. Dire le contraire relève de l'endurcissement du cœur. Ce serait s'aveugler que de penser que l'acte de répudiation prescrit par Moïse fait d'un mal – celui de la séparation – un bien.

Mais quand Moïse prescrit de faire un acte de répudiation, c'est une concession à une situation de fait : il s'agit seulement de protéger les femmes contre la dureté des hommes. Il en va de même, aujourd'hui, du divorce à l'amiable. Bien sûr, il ne sert à rien de rajouter encore des souffrances, mais ce n'est pas parce qu'on divorce « proprement » que cela devient un bien. L'horizon de votre engagement, c'est, clairement, la vie entière.

Ce que nous dit la foi chrétienne

C'est Dieu qui unit l'homme et la femme.
- Le mariage est indissoluble parce que Dieu ne reprend jamais ce qu'il donne.
- En s'appuyant sur Dieu, il est raisonnable de s'engager pour la vie.

Jésus nous dit fermement de ne pas séparer ce que Dieu a uni.
- L'Église ne peut dissoudre un mariage sacramentel parce que c'est un acte de Dieu.
- Le divorce est un grand malheur pour le couple et pour les enfants.

L'homme doit quitter son père et sa mère.
- Le lien conjugal est plus important que le lien filial.
- L'indissolubilité manifeste que les époux se donnent totalement l'un à l'autre.

Des questions à discuter

Reportez-vous à votre *Carnet de notes* page 8.

Notre prière

Pour bénir Dieu qui nous unit

Qui cherche Dieu ne manque d'aucun bien.

Je bénirai le Seigneur en tout temps,
sa louange sans cesse à mes lèvres.
Je me glorifierai dans le Seigneur :
que les pauvres m'entendent et soient en fête !

Magnifiez avec moi le Seigneur,
exaltons tous ensemble son nom.
Je cherche le Seigneur, il me répond :
de toutes mes frayeurs, il me délivre.

Qui regarde vers lui resplendira,
sans ombre ni trouble au visage.
Un pauvre crie ; le Seigneur entend :
il le sauve de toutes ses angoisses.

L'ange du Seigneur campe à l'entour
pour libérer ceux qui le craignent.
Goûtez et voyez : le Seigneur est bon !
Heureux qui trouve en lui son refuge.

Psaume 33

Nous voulons des enfants

Quand ils furent dans leur chambre, Tobie adressa à la jeune femme cette exhortation : « Sara, lève-toi. Nous allons prier Dieu aujourd'hui, demain et après-demain. Pendant ces trois nuits, c'est à Dieu que nous sommes unis, et quand la troisième nuit sera passée, nous consommerons notre union. Nous sommes les descendants d'un peuple de saints, et nous ne pouvons pas nous unir comme des païens qui ne connaissent pas Dieu. » Ils se levèrent tous les deux et se mirent à prier ensemble avec ferveur. Ils demandaient à Dieu sa protection. Tobie disait : « Seigneur, Dieu de nos pères, que le ciel et la terre te bénissent, ainsi que la mer, les sources, les fleuves et toutes les créatures qui s'y trouvent. C'est toi qui as fait Adam avec la glaise du sol, et qui lui a donné Ève pour l'aider. Et maintenant, Seigneur, tu le sais : si j'épouse cette fille d'Israël, ce n'est pas pour satisfaire mes passions, mais seulement par désir de fonder une famille qui bénira ton nom dans la suite des siècles. » Sara dit à son tour : « Prends pitié de nous, Seigneur, prends pitié de nous ; puissions-nous vivre heureux jusqu'à notre vieillesse tous les deux ensemble. »

Tobie 8,5-10

Le livre de Tobie est un conte plein d'humour, qui chante la bienveillance de Dieu envers les justes et les malheureux.

L'histoire de Sara est tout aussi terrifiante qu'incroyable : chaque fois qu'elle contracte un mariage – sept hommes s'y sont essayés – son nouvel époux meurt avant même qu'ils aient eu le temps de s'unir. Pourquoi cette fatalité ? Quelles étaient les intentions profondes des hommes qui voulaient l'épouser ? Tobie, lui, n'a pas peur de faire alliance avec elle, parce que ses intentions sont droites et parce qu'il fait confiance à Dieu.

Cette confiance des deux nouveaux époux s'exprime dans leur humble prière. Ils savent que leur union spirituelle précède et donne sens à leur union sexuelle. Ils veulent tout ce que Dieu a voulu pour l'homme : fonder une famille. Créés par Dieu, aimés de lui, ils ne doutent pas de sa grâce, de sa volonté de les faire vivre et de les rendre heureux.

Ce que nous dit la foi chrétienne

Sara demande à Dieu de vivre heureux avec Tobie jusqu'à la vieillesse.
- Dieu a voulu le mariage pour le bonheur de l'homme et de la femme.
- L'amour fidèle des parents est un grand bien pour les enfants.

Tobie épouse Sara pour fonder une famille.
- La grossesse est une bénédiction et non pas un péril.
- Le don mutuel des époux appelle le don de la vie.

Ni Tobie ni Sara ne savent quoi que ce soit de leurs futurs enfants.
- Il est bon que le couple décide en conscience de la venue d'un enfant.
- On accueille les enfants comme un cadeau de Dieu.

Des questions à discuter

Reportez-vous à votre *Carnet de notes* page 9.

Notre prière

Pour accueillir la grâce que Dieu veut nous donner

Père très saint, Dieu éternel et tout-puissant, il est bon de te louer ici et aujourd'hui, par le Christ, notre Seigneur.
Car tu veux que l'alliance, que nous allons bientôt conclure, soit un lien irrévocable d'amour et de paix, et que les enfants que nous espérons augmentent le nombre de tes fils. C'est ton dessein de salut, Seigneur, c'est la grâce admirable du mariage qui enrichit à la fois l'humanité et l'Église. Car toute naissance ajoute à la beauté du monde et le baptême, la nouvelle naissance, fait grandir ton peuple saint, l'Église de ton Fils.
Par lui, dès maintenant, nous voulons te dire notre reconnaissance.
Amen !

D'après la première préface du mariage

Pour préparer votre prochaine rencontre

Vous avez vécu deux nouvelles « heures pour nous », et vous allez maintenant rencontrer votre accompagnateur une nouvelle fois.
Préparez cette rencontre en reprenant ce que vous avez noté sur votre *Carnet de notes* et en décidant ce que vous lui direz.

Vos rendez-vous sont-ils faciles à vivre ? Respectez-vous bien les quatre temps : le calme, la méditation de la parole, la réflexion, la prière ? La méditation de la parole de Dieu en deux temps, le temps de l'intelligence et le temps du cœur, vous est-elle devenue familière ? Priez-vous aisément ensemble ?

N'hésitez pas à demander un soutien : ce sera pour la joie de vos « heures pour nous ».

Notez-vous sur votre *Carnet de notes* vos découvertes ? Vos désaccords ? Vos débats non aboutis ? Vos questions sur la parole de Dieu ?

Notez ce qui vous a illuminés ! Pour en garder la mémoire. Notez aussi, bien sûr, ce qui vous pose problème. Pour l'approfondir avec votre accompagnateur.

Venez à ces rencontres avec votre carnet : il sera un aide-mémoire, tout en restant votre secret.

Textes complémentaires

Parmi les textes de la parole de Dieu que vous pourrez choisir pour la célébration de votre mariage, voici deux passages qui ont quelque chose à voir avec ce que vous avez médité au cours de vos deux dernières « heures pour nous ». Peut-être reprendrez-vous l'un d'entre eux avec votre accompagnateur que vous allez voir très bientôt.

Jésus confirme l'indissolubilité du mariage

En partant de là, Jésus arrive en Judée et en Transjordanie. De nouveau, la foule s'assemble près de lui, et de nouveau, il les instruisait comme d'habitude. Des pharisiens l'abordèrent et pour le mettre à l'épreuve, ils lui demandaient : « Est-il permis à un mari de renvoyer sa femme ? » Jésus dit : « Que vous a prescrit Moïse ? » Ils lui répondirent : « Moïse a permis de renvoyer sa femme à condition d'établir un acte de répudiation. » Jésus répliqua : « C'est en raison de votre endurcissement qu'il a formulé cette loi. Mais, au commencement de la création, il les fit homme et femme. À cause de cela l'homme quittera son père et sa mère, il s'attachera à sa femme, et tous deux ne feront plus qu'un. Ainsi, ils ne sont plus deux, mais ils ne font qu'un. Donc, ce que Dieu a uni, que l'homme ne le sépare pas ! »

Marc 10,1-9

Ce texte est l'équivalent, chez saint Marc, de celui que vous avez médité pour réfléchir sur l'indissolubilité de votre prochain mariage (p. 26).

Le mariage de Tobie et de Sara

Tobie dit à Ragouël, qui l'invitait à s'asseoir pour le repas : « Je ne mangerai pas ici aujourd'hui, et je ne boirai pas, si tu n'accueilles pas ma demande et si tu ne me promets pas de m'accorder ta fille Sara. » Comme Ragouël hésitait et ne répondait pas à cette demande, l'ange Raphaël lui dit : « Ne crains pas d'accorder ta fille à Tobie : il est fidèle à Dieu et c'est lui qu'elle doit épouser ; voilà pourquoi aucun autre n'a pu l'obtenir. » Ragouël dit alors : « Je suis sûr maintenant que Dieu a accueilli ma prière et mes larmes, et je crois fermement qu'il vous a conduits tous les deux jusqu'à moi, pour que ma fille épouse un homme de sa parenté, suivant la loi de Moïse. Et maintenant, Tobie, sois sans inquiétude : je te la donne. » Il prit la main droite de la fille et la mit dans celle de Tobie, en disant : « Que le Dieu d'Abraham, le Dieu d'Isaac, le Dieu de Jacob soit avec vous ; que lui-même vous unisse et vous comble de sa bénédiction. » On prit une feuille pour écrire, et l'on rédigea l'acte de mariage. Après quoi il festoyèrent en bénissant Dieu.

Tobie 7,9c-10.11c-17

Ce texte, qui raconte le mariage de Tobie et de Sara, peut vous rappeler et éclairer celui que vous avez médité pour réfléchir à l'accueil de l'enfant dans votre vie de couple (p. 28).

Nous voulons ce que Dieu veut

Je veux

Je te reçois

Je me donne à toi

Les paroles du consentement indiquent ce qui doit être le bien commun de la future famille.
Lettre aux familles (Jean-Paul II)

Le fiancé : « N., veux-tu être ma femme ? »
La fiancée : « Oui, je veux être ta femme.
Et toi, N., veux-tu être mon mari ? »
Le fiancé : « Oui, je veux être ton mari. »

Je veux

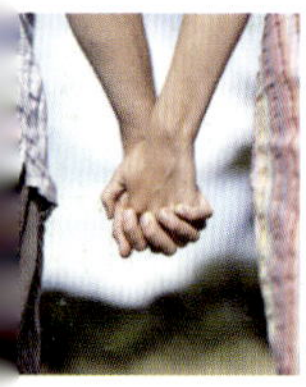

Quelqu'un s'approcha de Jésus et lui dit : « Maître, que dois-je faire de bon pour avoir la vie éternelle ? » Jésus lui dit : « Pourquoi m'interroges-tu sur ce qui est bon ? Il n'y a qu'un seul être qui soit bon ! Si tu veux entrer dans la vie, observe les commandements. – Lesquels ? » lui dit-il. Jésus reprit : « Tu ne commettras pas de meurtre. Tu ne commettras pas d'adultère. Tu ne commettras pas de vol. Tu ne porteras pas de faux témoignage. Honore ton père et ta mère. Et aussi : Tu aimeras ton prochain comme toi-même. » Le jeune homme lui dit : « Tout cela, je l'ai observé, que me manque-t-il encore ? » Jésus lui répondit : « Si tu veux être parfait, va, vends ce que tu possèdes, donne-le aux pauvres, et tu auras un trésor dans les cieux. Puis, viens, suis-moi. » À ces mots, le jeune homme s'en alla tout triste, car il avait de grands biens.

Matthieu 19,16-22

« Que dois-je faire de bon ? » Question essentielle, présente dans le cœur de cet homme comme dans celui de tout chrétien vrai et fidèle. Réponse : « Il n'y a qu'un seul être qui soit bon ! »... c'est-à-dire Dieu. Mais tout homme peut – s'il le veut – entrer dans la bonté de Dieu, c'est-à-dire dans la sainteté. En lui disant « Si tu veux être parfait... », Jésus ouvre un nouvel horizon au désir de l'homme : celui de la perfection. Cette perfection, elle n'a pas d'autre nom que Jésus-Christ et elle est possible à la condition de prendre toute décision radicale pour répondre à son appel : « Viens et suis-moi. » Encore faut-il le vouloir...

Cet homme cherche ce qui lui manque. Vous aussi peut-être avez-vous le désir d'un amour tendu vers l'infini... Que vous manque-t-il encore pour vous aimer parfaitement ?

Ce passage de l'Évangile se situe à un moment où le conflit avec les pharisiens se durcit et où Jésus va se mettre en route pour Jérusalem pour y subir sa Passion. Jésus ne transige pas avec l'exigence évangélique. Ce récit se termine apparemment par un échec. Dieu propose : « Veux-tu ? » L'homme décide.

Ce que nous dit la foi chrétienne

Ce qui « caractérise » un acte humain,
c'est qu'il est voulu et donc responsable.

- Pour se marier il faut que les fiancés soient totalement libres.
- Il y a une différence entre vouloir et désirer, vouloir et avoir envie.

« Si tu veux être parfait... » je t'appelle à faire ceci...

- L'homme est capable de vouloir ce que Dieu veut.
- Vouloir notre mariage nécessite de renoncer à d'autres biens.

« Le jeune homme s'en alla tout triste. »

- Notre volonté se dérobe parfois à la volonté de Dieu.
- Se marier à l'Église suppose de vouloir prendre les moyens d'aimer en vérité.

Des questions à discuter

Reportez-vous à votre *Carnet de notes* page 11.

Notre prière

Pour que le Père réalise son plan d'amour pour nous

Notre Père, qui es aux cieux,
que ton nom soit sanctifié,
que ton règne vienne,
que ta volonté soit faite sur la terre
comme au ciel.

Donne-nous aujourd'hui notre pain de ce jour,
pardonne-nous nos offenses comme nous pardonnons aussi
à ceux qui nous ont offensés,
et ne nous soumets pas à la tentation
mais délivre-nous du Mal.

La fiancée : « Je te reçois comme époux… »
Le fiancé : « Je te reçois comme épouse… »

Je te reçois

Voici quelle fut l'origine de Jésus Christ. Marie, la mère de Jésus, avait été accordée en mariage à Joseph ; or, avant qu'ils aient habité ensemble, elle fut enceinte par l'action de l'Esprit Saint. Joseph, son époux, qui était un homme juste, ne voulait pas la dénoncer publiquement ; il décida de la répudier en secret. Il avait formé ce projet, lorsque l'ange du Seigneur lui apparut en songe et lui dit : « Joseph, fils de David, ne crains pas de prendre chez toi Marie, ton épouse : l'enfant qui est engendré en elle vient de l'Esprit Saint ; elle mettra au monde un fils auquel tu donneras le nom de Jésus (c'est-à-dire : "Le Seigneur sauve"), car c'est lui qui sauvera son peuple de ses péchés. » […] Quand Joseph se réveilla, il fit ce que l'ange du Seigneur lui avait prescrit : il prit chez lui son épouse, mais il n'eut pas de rapports avec elle ; elle enfanta un fils auquel il donna le nom de Jésus.

Matthieu 1,18-25

Dans la tradition juive, à l'époque de Jésus, le mariage commençait par un temps, parfois assez long, où que les jeunes mariés vivent ensemble. Leur engagement était cependant déjà scellé. C'est pourquoi Joseph sait qu'il devra faire face à un scandale : Marie est enceinte, et il n'est pas le père. D'après la Loi de Moïse, il doit la répudier, avec un risque de lapidation de la fautive à la clé. Mais Joseph qui est un homme « juste », c'est-à-dire tourné vers la volonté de Dieu, veut agir pour sauver son épouse et non pour la perdre. C'est parce qu'il se trouve dans cette disposition du cœur que Dieu peut lui révéler l'inimaginable. Il peut accueillir Marie comme sa véritable épouse car la vie qui est en elle vient de l'Esprit Saint.

On peut rapprocher ce récit du chapitre de la Genèse que nous avons déjà lu (voir p. 20). Les similitudes sont remarquables : le sommeil de Joseph fait penser à celui d'Adam, Marie est confiée à Joseph comme Ève le fut à Adam – et on peut penser que la joie de Joseph à son éveil est aussi grande que celle d'Adam découvrant la compagne que Dieu lui avait donnée…

Tout se passe comme si ce récit était une création nouvelle.

Ce que nous dit la foi chrétienne

La vie commune ne doit commencer qu'avec le mariage.
- Il est difficile de dire en vérité « Je te reçois » si l'on vit déjà ensemble.
- La cohabitation ressemble au mariage, mais ce n'est pas le don des personnes.

Dieu a voulu le mariage pour le bien de chacun des époux.
- Dans le mariage on reçoit l'autre pour lui-même, pour ce qu'il est.
- On ne peut devenir pleinement soi-même que si l'on est aimé.

Au jour de leur mariage,
les époux ne savent strictement rien de l'avenir.
- Se marier, c'est s'engager à aimer l'autre quoi qu'il arrive.
- Recevoir l'autre, c'est aussi accueillir son passé, ses faiblesses.

Des questions à discuter

Reportez-vous à votre *Carnet de notes* page 12.

Notre prière

Pour demander à Dieu la grâce de nous aimer jusqu'à la fin

*Dieu notre Père, nous voulons unir
notre louange à celle de tous ceux qui sont
vivants auprès de toi.
Car tu nous a faits à ton image, et tu as
mis en notre cœur un amour qui nous
attache déjà l'un à l'autre et par lequel
nous ne ferons plus qu'un.
À travers les peines et les joies de notre
vie, au long des fatigues et des merveilles
quotidiennes, tu nous diras que tu es proche.
Par la communion de notre amour et de
toute notre vie, tu feras grandir en nous
ta propre vie, jusqu'au jour où tu combleras
enfin tout notre espoir, en Jésus Christ,
ton Fils bien-aimé.
C'est pourquoi, Dieu notre Père, nous
voulons aujourd'hui te dire notre amour
et te glorifier.
Amen.*

D'après la quatrième préface du mariage

La fiancée : « … et je me donne à toi. »
Le fiancé : « … et je me donne à toi. »

Je me donne à toi

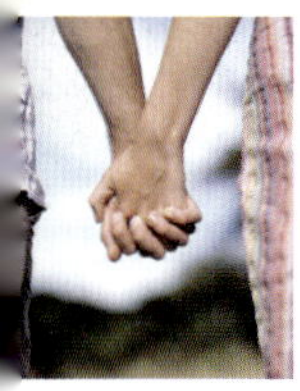

À l'heure où Jésus passait de ce monde à son Père, il disait à ses disciples : « Comme le Père m'a aimé, moi aussi je vous ai aimés. Demeurez dans mon amour. Si vous êtes fidèles à mes commandements, vous demeurerez dans mon amour, comme moi, j'ai gardé fidèlement les commandements de mon Père, et je demeure dans son amour. Je vous ai dit cela pour que ma joie soit en vous, et que vous soyez comblés de joie. Mon commandement le voici : Aimez-vous les uns les autres comme je vous ai aimés. Il n'y a pas de plus grand amour que de donner sa vie pour ses amis. Vous êtes mes amis si vous faites ce que je vous commande. Je ne vous appelle plus serviteurs, car le serviteur ignore ce que veut faire son maître ; maintenant je vous appelle mes amis, car tout ce que j'ai appris de mon Père, je vous l'ai fait connaître.
Ce n'est pas vous qui m'avez choisi, c'est moi qui vous ai choisis et établis afin que vous partiez, que vous donniez du fruit, et que votre fruit demeure. Alors, tout ce que vous demanderez au Père en mon nom, il vous l'accordera. »

Jean 15,9-16

Les dernières paroles d'un homme qui se sait sur le point de mourir prennent toujours une gravité singulière. Jésus prononce les mots que nous venons de lire quelques heures avant sa mort. Il vient de prendre son dernier repas avec ses disciples et il leur livre son testament spirituel, un testament qui est en fait un commandement. Mais peut-on commander d'aimer ? Non, si l'amour est vécu comme une contrainte, oui, s'il est vécu dans le don ! Or de quoi s'agit-il ici ? D'aimer comme Jésus qui, lui, nous aime librement, dans un don total de lui-même, jusqu'au don de sa vie. C'est sa vie qu'il nous offre à chaque eucharistie.

Il est également important de noter que Jésus, en ces heures qui précèdent sa souffrance et sa mort, se préoccupe de la joie de ses disciples. Une joie fondée sur l'amour et sur la communion.

Ce que nous dit la foi chrétienne

« Je vous dis cela pour que ma joie soit en vous. »
- La seule vraie joie, pour la personne humaine, c'est de se donner.
- Le repliement sur soi conduit toujours à la tristesse.

« Aimez-vous comme je vous ai aimés. »
- Il est impossible à la personne humaine d'aimer parfaitement.
- En se donnant à l'homme, Jésus lui donne d'aimer comme il aime.

Quelques idées incompatibles avec un amour vrai :
- Le mariage est fait de concessions.
- « Ta liberté s'arrête là où commence la mienne. »
- Il faut être autonome pour être libre.

Des questions à discuter

Reportez-vous à votre *Carnet de notes* page 13.

Notre prière

Pour demander l'Esprit Saint

Père très saint, c'est toi qui nous donneras
l'un à l'autre, par ton Fils, Jésus Christ.
Envoie ton Esprit Saint et comble-nous de
tes bénédictions.
Que nous trouvions notre bonheur en nous
donnant l'un à l'autre.
Que nos enfants embellissent notre foyer,
et que l'Église en soit agrandie.
Quand nous serons dans la joie, que nous
sachions te remercier.
Dans la tristesse, que nous sachions nous
tourner vers toi.
Quand nous serons dans l'épreuve,
reste à nos côtés.
Que ta présence nous aide
dans notre travail.
Donne-nous de participer à la prière de
l'Église et de témoigner de toi parmi les
hommes.
Amen !

D'après la troisième bénédiction nuptiale

Nous avons rompu l'Alliance

Le péché originel

La promesse du salut

Reconnaître son péché

Par la concupiscence, l'homme tend à s'approprier un autre être humain, qui n'est pas à lui, mais qui appartient à Dieu.

Lettre aux familles (Jean-Paul II)

Le péché originel

Le serpent dit à la femme : « Alors Dieu vous a dit : "Vous ne mangerez le fruit d'aucun arbre du jardin" ? » La femme répondit au serpent : « Nous mangeons les fruits des arbres du jardin. Mais, pour celui qui est au milieu du jardin, Dieu a dit : "Vous n'en mangerez pas, vous n'y toucherez pas, sinon vous mourrez." » Le serpent dit à la femme : « Pas du tout ! Vous ne mourrez pas ! Mais Dieu sait que, le jour où vous en mangerez, vos yeux s'ouvriront, et vous serez comme des dieux, connaissant le bien et le mal. » [...]

La femme prit de ce fruit, et en mangea. Elle en donna aussi à son mari, et il en mangea. Alors leurs yeux à tous deux s'ouvrirent et ils connurent qu'ils étaient nus. [...]

Ils entendirent le Seigneur Dieu qui se promenait dans le jardin à la brise du jour. L'homme et la femme allèrent se cacher aux regards du Seigneur Dieu parmi les arbres du jardin. Le Seigneur Dieu appela l'homme et lui dit : « Où es-tu donc ? » L'homme répondit : « Je t'ai entendu dans le jardin, j'ai pris peur parce que je suis nu, et je me suis caché. » Le Seigneur reprit : « Qui donc t'a dit que tu étais nu ? Je t'avais interdit de manger du fruit de l'arbre ; en aurais-tu mangé ? » L'homme répondit : « La femme que tu m'as donnée, c'est elle qui m'a donné du fruit de l'arbre, et j'en ai mangé. » Le Seigneur Dieu dit à la femme : « Qu'as-tu fait là ? » La femme répondit : « Le serpent m'a trompée, et j'ai mangé. » [...]

Le Seigneur Dieu dit à la femme : « C'est dans la souffrance que tu enfanteras des fils. Le désir te portera vers ton mari, et celui-ci dominera sur toi. »

Il dit enfin à l'homme : [...] « C'est à la sueur de ton visage que tu gagneras ton pain, jusqu'à ce que tu retournes à la terre dont tu proviens ; car tu es poussière, et tu retourneras à la poussière. »

Genèse 3,1-19

Ce texte n'est pas à lire selon une interprétation factuelle (un serpent ne parle pas !), mais il utilise un langage symbolique, pour démonter le « mécanisme » du péché qui, on le voit, repose essentiellement sur l'orgueil et le mensonge. Il nous montre, notamment, à quel point on peut se laisser abuser par des propos mensongers ! Ce serait bien de vous reporter, dans la Bible, à l'ensemble de ce texte (Genèse 2,4-3,24).

Ce que nous dit la foi chrétienne

Il y a eu dans l'histoire de l'humanité une première rupture d'amour avec Dieu.
- Nos premiers parents ont prétendu vivre sans Dieu, par eux-mêmes.
- C'est le péché d'orgueil qui est à l'origine de tous les autres péchés.

Le péché est contagieux.
- L'homme est marqué par le péché.
- Le mal produit le mal dans une spirale infernale.

L'homme fait quotidiennement l'expérience de l'inclination au mal.
- Il nous arrive de faire le mal que nous ne voudrions pas.
- Les époux, aussi amoureux soient-ils, peuvent aussi se faire souffrir.

Des questions à discuter

Reportez-vous à votre *Carnet de notes* page 15.

Notre prière de supplication

Que tombent, de mes yeux, mes larmes,
sans arrêter ni le jour ni la nuit !

Si je sors dans la campagne,
voici les victimes du glaive ;
si j'entre dans la ville,
voici les souffrants de la faim.

Même le prêtre, même le prophète,
qui parcourt le pays, ne comprend pas.

Pourquoi nous frapper sans remède ?
Nous attendions la paix, et rien de bon !
Le temps du remède, et voici l'épouvante !

Seigneur, nous connaissons le mal,
la faute de nos pères :
oui, nous avons péché contre toi !

Ne nous méprise pas, à cause de ton nom ;
n'humilie pas le trône de ta gloire !

D'après le Cantique de Jérémie 14

La promesse du salut

Parole du Seigneur : mon épouse infidèle, je vais la séduire, je vais l'entraîner jusqu'au désert, et je lui parlerai cœur à cœur. Et là, je lui rendrai ses vignobles, et je ferai de la Vallée du Malheur la porte de l'espérance. Là, elle me répondra comme au temps de sa jeunesse, au jour où elle est sortie du pays d'Égypte. En ce jour-là, déclare le Seigneur, voilà ce qui arrivera : tu m'appelleras « Mon époux » et non plus : « Mon maître ». J'éloignerai de ses lèvres les noms des Baals, ses maîtres, on ne prononcera plus leurs noms.
En ce jour-là, je conclurai à leur profit une alliance avec les animaux des champs, avec les oiseaux du ciel et les bestioles de la terre ; je briserai l'arc, l'épée, la guerre pour en délivrer le pays, et ses habitants, je les ferai reposer en sécurité. Tu seras ma fiancée, et ce sera pour toujours. Tu seras ma fiancée, et je t'apporterai la justice et le droit, l'amour et la tendresse ; tu seras ma fiancée, et je t'apporterai la fidélité, et tu connaîtras le Seigneur.

Osée 2,16-22

Osée, prophète du royaume du nord, Israël, a vécu au VIIIe siècle avant Jésus-Christ. Il est le témoin, comme le sera plus tard Jérémie, d'une grave crise spirituelle marquée par les péchés répétés du peuple, du roi et même des autorités religieuses et qui aura pour conséquence l'invasion assyrienne et donc l'introduction dans le pays du culte des faux dieux et de l'idolâtrie sous toutes ses formes.

Comme tous les prophètes, Osée dénonce vertement le mal et appelle à la conversion. Comme tous les prophètes, il délivre aussi un message d'espérance et de salut après l'épreuve.

On pense qu'Osée a vécu dans sa propre situation conjugale l'infidélité d'Israël qu'il dénonce. Malgré l'adultère de son épouse, le prophète a continué de l'aimer et, dans cette douloureuse expérience, il a compris le lien d'amour qui unit Dieu à son peuple. Le Seigneur a épousé son peuple en le faisant sortir de l'esclavage, mais après une brève idylle au désert, Israël s'est conduit comme une prostituée, et s'est livré aux idoles du pays (les Baals) pour obtenir des richesses.

Dieu aime son peuple comme l'époux chérit son épouse. Il va patienter, comme le mari lésé. Il rendra son épouse fidèle. Le mariage devient alors le signe de l'Alliance, tous les prophètes le rediront, et Jésus après eux.

Ce que nous dit la foi chrétienne

« Mon épouse infidèle, je vais la séduire. »
- Tout amour humain a besoin d'être purifié.
- La grâce du mariage sanctifie l'amour d'un homme et d'une femme.
- Cette sanctification ne peut se réaliser sans la libre et active coopération des époux.

« J'éloignerai de ses lèvres les noms des idoles. »
- L'amour idolâtre des biens terrestres conduit à l'adultère.
- Un monde qui se construit sans Dieu ne peut pas comprendre le mariage.

« Tu seras ma fiancée, et ce sera pour toujours. »
- L'alliance conjugale est l'expression de l'Alliance que Dieu veut vivre avec l'humanité.
- Le mariage à l'Église est promesse et source de salut pour les époux.

Des questions à discuter

Reportez-vous à votre *Carnet de notes* page 16.

Notre prière

Pour que l'Esprit Saint sanctifie notre amour

Envoie ton Esprit, Seigneur,
et tout sera renouvelé !

Viens, Esprit Saint, en nos cœurs
et envoie du haut du ciel
un rayon de ta lumière.

Sans ta puissance divine,
il n'est rien en aucun homme,
rien qui ne soit perverti.

Lave ce qui est souillé,
baigne ce qui est aride,
guéris ce qui est blessé.

Assouplis ce qui est raide,
réchauffe ce qui est froid,
rends droit ce qui est faussé.

Donne mérite et vertu,
donne le salut final,
dans la joie éternelle !

Reconnaître son péché

Jésus arrive à une ville de Samarie, appelée Sychar, près du terrain que Jacob avait donné à son fils Joseph, et où se trouve le puits de Jacob. Jésus, fatigué par la route, s'était assis là, au bord du puits. Il était environ midi. Arrive une femme de Samarie, qui venait puiser de l'eau. Jésus lui dit : « Donne-moi à boire. » La Samaritaine lui dit : « Comment ! Toi qui es Juif, tu me demandes à boire, à moi une Samaritaine ? » Jésus lui répondit : « Si tu savais le don de Dieu, si tu connaissais celui qui te dit : "Donne-moi à boire", c'est toi qui lui aurais demandé, et il t'aurait donné de l'eau vive. » Elle lui dit : « Seigneur, tu n'as rien pour puiser, et le puits est profond ; avec quoi prendrais-tu l'eau vive ? » Jésus lui répondit : « Tout homme qui boit de cette eau aura encore soif ; mais celui qui boira de l'eau que moi je lui donnerai n'aura plus jamais soif : et l'eau que je lui donnerai deviendra en lui source jaillissante pour la vie éternelle. » La femme lui dit : « Seigneur, donne-la-moi cette eau : que je n'aie plus soif, et que je n'aie plus à venir ici pour puiser. » Jésus lui dit : « Va, appelle ton mari, et reviens. » La femme répliqua : « Je n'ai pas de mari. » Jésus reprit : « Tu as raison de dire que tu n'as pas de mari, car tu en as eu cinq, et celui que tu as maintenant n'est pas ton mari : là, tu dis vrai. » La femme lui dit : « Seigneur, je le vois, tu es un prophète. Alors, explique-moi : nos pères ont adoré Dieu sur la montagne qui est là, et vous les juifs, vous dites que le lieu où il faut l'adorer est à Jérusalem. » Jésus lui dit : « Femme, crois-moi : l'heure vient – et c'est maintenant – où les vrais adorateurs adoreront le Père en esprit et vérité : tels sont les adorateurs que recherche le Père. »

Jean 4,5-7.9-11.13-20.23

Jésus vient réaliser la promesse de Dieu, la nouvelle noce… Il ne s'agit donc pas de la rencontre amoureuse d'un homme et d'une femme près d'un puits, comme l'Ancien Testament en raconte souvent. Cette Samaritaine, qui en est à son sixième mari, est la figure de la patrie d'Osée, de ce peuple adultère que le Seigneur vient épouser pour le sauver. Cette fois, c'est la Samarie, et toute l'humanité, à laquelle Jésus vient s'unir.

Et c'est à l'écart de la ville, comme au désert, que Jésus, avec une infinie délicatesse va conduire cette femme à reconnaître son péché : « Je n'ai pas de mari » dit-elle.

Si vous le pouvez, allez lire ce récit en entier dans votre Bible (Jean 4,5-42).

Ce que nous dit la foi chrétienne

« Donne-moi à boire. »
- Jésus vient à nous afin que nous le prions : « Donne-moi à boire. »
- L'eau vive, c'est l'Esprit Saint, source et garant de l'amour conjugal.

« Va, appelle ton mari, et reviens. »
- On ne peut pas aimer Dieu sans aimer son conjoint.
- Faire du mal à son conjoint, c'est pécher contre Dieu.

« Le mari que tu as maintenant n'est pas ton mari. »
- Faire la vérité, c'est accepter que nos actes soient jugés.
- Notre monde juge, souvent pour condamner.
- Jésus juge mais c'est pour sauver et non pour condamner.

Des questions à discuter

Reportez-vous à votre *Carnet de notes* page 17.

Notre prière

Pour demander la grâce de reconnaître notre péché

Heureux l'homme dont la faute est enlevée,
et le péché remis !
Heureux l'homme dont le Seigneur
ne retient pas l'offense,
dont l'esprit est sans fraude !

Je me taisais et mes forces s'épuisaient
à gémir tout le jour :
ta main, le jour et la nuit,
pesait sur moi ;
ma vigueur se desséchait
comme l'herbe en été.

Je t'ai fait connaître ma faute,
je n'ai pas caché mes torts.
J'ai dit : « Je rendrai grâce au Seigneur
en confessant mes péchés. »
Et toi, tu as enlevé
l'offense de ma faute.

Ainsi chacun des tiens te priera
aux heures décisives ;
même les eaux qui débordent
ne peuvent l'atteindre.

Tu es un refuge pour moi,
mon abri dans la détresse ;
de chants de délivrance,
tu m'as entouré.

Psaume 31

Jésus nous rétablit dans l'Alliance

Jésus recrée notre amour

Appelés à la vraie liberté

Je te promets fidélité

Ô heureuse faute qui a mérité un tel et si grand Rédempteur !

Chant de l'Exultet de Pâques

Jésus recrée notre amour

Sur la croix, sachant que désormais toutes choses étaient accomplies, Jésus dit : « J'ai soif. » Il y avait là un récipient plein de boisson vinaigrée. On fixa donc une éponge remplie de ce vinaigre à une branche d'hysope, et on l'approcha de sa bouche. Quand il eut pris le vinaigre, Jésus dit : « Tout est accompli. » Puis, inclinant la tête, il remit l'esprit.
Comme c'était le vendredi, il ne fallait pas laisser les corps en croix durant le sabbat. Aussi les Juifs demandèrent à Pilate qu'on enlève les corps après leur avoir brisé les jambes. Des soldats allèrent donc briser les jambes du premier, puis du deuxième des condamnés que l'on avait crucifiés avec Jésus. Quand ils arrivèrent à celui-ci, voyant qu'il était déjà mort, ils ne lui brisèrent pas les jambes, mais un des soldats avec sa lance lui perça le côté ; et aussitôt, il en sortit du sang et de l'eau.

Jean 19,28-34

Ce soir-là, le premier jour de la semaine, les disciples avaient verrouillé les portes du lieu où ils étaient, car ils avaient peur des Juifs. Jésus vint, et il était là au milieu d'eux. Il leur dit : « La paix soit avec vous ! »
Les disciples furent remplis de joie en voyant le Seigneur. Jésus leur dit de nouveau : « La paix soit avec vous ! »

Jean 20,19-20

La parole de Jésus en croix : « J'ai soif » nous renvoie à celle qu'il avait adressée à la Samaritaine : « Donne-moi à boire. » Jésus accomplit ici la promesse qu'il avait faite au puits de Jacob et donne lui-même l'eau vive, celle qui jaillit de son cœur en même temps que son sang. Tout ce qu'il a fait pendant sa vie se trouve ici achevé et accompli. De son cœur transpercé coule l'eau vivifiante qui désaltère et sauve le monde.

C'est pourquoi, quand ils se tournent vers la Croix, les chrétiens ne contemplent pas seulement un homme exceptionnel, qui a su rester fidèle jusqu'au bout à ses idées généreuses, ils reconnaissent en lui la source de leur salut.

Dans sa mort, Jésus reste uni à toute l'humanité qu'il conduit, avec lui, dans la résurrection.

Ce que nous dit la foi chrétienne

« Tout est accompli. »
- Dans sa mort, Jésus s'unit à l'homme que le péché a plongé dans la mort.
- Par sa résurrection, Jésus donne la vie éternelle au pécheur pardonné à qui il s'est uni.

« De son côté percé, il sortit le sang et l'eau. »
- C'est l'eau de baptême, le corps et le sang versé de l'eucharistie.
- Dans la Création, Ève est tirée du côté d'Adam endormi puis réveillé.
- Dans la re-Création, l'Église est tirée du côté de Jésus mort et ressuscité.

« La paix soit avec vous. »
- Jésus ressuscité uni à l'Église, son Épouse, lui donne la paix et la joie.
- Les époux chrétiens demeurent dans la paix s'ils vivent de l'union du Christ et de l'Église.

Des questions à discuter

Reportez-vous à votre *Carnet de notes* page 19.

Notre prière

Pour s'émerveiller du salut qui nous est donné

*Encore et encore, Père très saint, Dieu
éternel et tout-puissant, nous voulons,
ici et aujourd'hui, te dire merci,
t'offrir notre action de grâce,
par le Christ notre Seigneur.*

*Car tu as voulu conclure la nouvelle
Alliance avec ton peuple, et tu l'as racheté
par le mystère de la mort et de la résurrection
de ton Fils, les noces de la Croix.*

*Tu veux ainsi nous faire participer à la
nature divine, dans le Christ,
et nous rendre cohéritiers de ta gloire.
Tu as voulu que notre union manifeste
la prodigieuse action de ta grâce, et que
notre mariage redise le merveilleux dessein
de ton amour.
Avec les anges et tous les saints,
nous proclamons ta gloire !*

D'après la deuxième préface du mariage

Appelés à la vraie liberté

Jésus disait à ces juifs qui maintenant croyaient en lui : « Si vous demeurez fidèles à ma parole, vous êtes vraiment mes disciples ; alors vous connaîtrez la vérité, et la vérité vous rendra libres. » Ils lui répliquèrent : « Nous sommes les descendants d'Abraham, et nous n'avons jamais été les esclaves de personne. Comment peux-tu dire : "Vous deviendrez libres" ? » Jésus leur répondit : « Amen, amen, je vous le dis : tout homme qui commet le péché est esclave du péché. L'esclave ne demeure pas toujours dans la maison ; le fils, lui, y demeure pour toujours. Donc, si c'est le Fils qui vous rend libres, vous serez vraiment libres. »

Jean 8,31-36

Toute la civilisation antique reposait sur l'esclavage : une partie de l'humanité était réduite à rien. Les esclaves n'étaient pas toujours mal traités, certains, d'ailleurs, étaient très aimés de leurs maîtres – qui avaient pourtant droit de vie ou de mort sur eux – mais ils n'avaient aucune personnalité propre au sens social du terme ; ils n'avaient ni droits, ni histoire, ni héritage...

Jésus révèle que Dieu, le seul maître, ne veut que des fils, c'est-à-dire des hommes et des femmes à qui le Père transmet son savoir et ses biens ; des hommes et des femmes qui lui ressemblent et qu'il aime.

Jésus évoque la servitude comme la meilleure image de la vie dans le péché. Dans les cas où il se passe bien, l'esclavage peut présenter certains avantages : pas de responsabilité, nourriture et logement assurés mais c'est toujours un asservissement. Pour le péché, c'est pareil ; il peut même paraître séduisant, reposant, rassurant mais il est toujours aliénant. Les interlocuteurs de Jésus savent bien qu'ils sont un peuple libre en dépit de l'occupation romaine, parce que Dieu les a choisis et qu'il les a libérés de l'esclavage en Égypte. Ils ont cependant à découvrir que l'élection n'est pas une garantie contre l'esclavage spirituel et que le refus du péché demeure la tâche à laquelle ils sont appelés. Et Jésus ne manque pas de leur rappeler que pour vivre vraiment librement, pour être vraiment ce qu'ils sont – un peuple choisi et aimé par Dieu – ils doivent écouter la parole de Dieu et lui rester fidèles. Or, cette Parole, c'est lui Jésus, le Fils.

Ce que nous dit la foi chrétienne

Les contrefaçons de la liberté.
- Le mauvais usage de son libre arbitre peut faire perdre la liberté.
- La société est capable d'appeler bien ce qui est mal et mal ce qui est bien.

Être vraiment libre.
- La liberté, c'est de savoir ce qui est bien, de l'aimer et de le faire.
- La vertu est une habitude à faire le bien.
- Le péché est un esclavage parce qu'il devient une habitude à faire le mal.

« Si vous demeurez fidèles à ma parole, vous deviendrez libres. »
- La parole de Dieu agit efficacement dans le cœur des époux qui l'écoutent.
- La parole de Dieu est la source de la liberté.

Des questions à discuter

Reportez-vous à votre *Carnet de notes* page 20.

Notre prière

Pour vivre dans la paix de Dieu

Bénis le Seigneur, ô mon âme !

J'aime le Seigneur :
il entend le cri de ma prière ;
il incline vers moi son oreille :
toute ma vie, je l'invoquerai.

Le Seigneur est justice et pitié,
notre Dieu est tendresse.
Le Seigneur défend les petits :
j'étais faible, il m'a sauvé.

Retrouve ton repos, mon âme,
car le Seigneur t'a fait du bien.
Il a sauvé mon âme de la mort,
gardé mes yeux des larmes et mes pieds
du faux pas.

Je marcherai en présence du Seigneur
sur la terre des vivants.

Psaume 114

Je te promets fidélité

Voici venir des jours, déclare le Seigneur, où je conclurai avec la maison d'Israël et avec la maison de Juda une Alliance nouvelle. Ce ne sera pas comme l'Alliance que j'ai conclue avec leurs pères, le jour où je les ai pris par la main pour les faire sortir d'Égypte : mon Alliance, c'est eux qui l'ont rompue, alors que moi, j'avais des droits sur eux. Mais voici quelle sera l'Alliance que je conclurai avec la maison d'Israël quand ces jours-là seront passés, déclare le Seigneur. Je mettrai ma loi au plus profond d'eux-mêmes ; je l'inscrirai dans leur cœur. Je serai leur Dieu, et ils seront mon peuple. Ils n'auront plus besoin d'instruire chacun son compagnon, ni chacun son frère en disant : « Apprends à connaître le Seigneur ! » Car tous me connaîtront, des plus petits jusqu'aux plus grands, déclare le Seigneur. Je pardonnerai leurs fautes, je ne me rappellerai plus leurs péchés.

Jérémie 31,31-34

Comme nous l'avons vu avec Osée (p. 44), le prophète, s'il a la délicate et souvent douloureuse mission de dénoncer le mal, a toujours aussi celle de susciter l'espérance et d'annoncer le salut. Ici Jérémie annonce qu'après le temps de l'épreuve, marqué notamment par la destruction de Jérusalem et du Temple et par l'Exil, viendra le temps du retour sur la Terre de la promesse.

Jusqu'à présent le peuple qui avait reçu la Loi – les dix paroles – comme cadre de sa relation à Dieu et à autrui a souvent fait l'expérience de son infidélité même à la Loi divine, l'expérience de son péché. Et c'est d'ailleurs en ce sens que l'on dit que la Loi démasque le péché.

Mais aujourd'hui Jérémie annonce que le Seigneur scellera une nouvelle Alliance, qui rendra l'homme capable de vivre pleinement et sans péché selon la Loi car elle sera inscrite en son cœur. Elle lui permettra de connaître, d'aimer et de vivre le bien.

La révélation de cet oracle en annonce une autre tout à fait unique dans l'Ancien Testament : celle qui par la bouche d'Ézéchiel promet que Dieu mettra en chacun son propre Esprit (voir p. 65).

Cette promesse s'accomplit en Jésus qui nous donne l'Esprit Saint, lui qui vient faire sa demeure en tout disciple du Christ.

Ce que nous dit la foi chrétienne

« Je conclurai une Alliance nouvelle. »
- Dieu tient toujours ses promesses. Il est fidèle.
- Dieu pardonne toutes les fautes de son peuple. Il est fidèle.

« Acceptez-vous la responsabilité d'époux ? »
(célébration du mariage)
- Dans le mariage, chacun accepte d'être fidèle à l'autre, sans condition.
- Aucune faute du conjoint n'est impardonnable.

« Je te promets fidélité. »
- C'est une promesse de ne jamais tromper son conjoint.
- C'est une promesse de pardonner chaque fois qu'il le faudra.
- Refuser de pardonner est le début de l'infidélité.

Des questions à discuter

Reportez-vous à votre *Carnet de notes* page 21.

Notre prière

Pour demander la paix

Béni sois-tu, Seigneur, Dieu de tendresse et d'amour !

Bénis le Seigneur, ô mon âme,
bénis son nom très saint, tout mon être !
Bénis le Seigneur, ô mon âme,
n'oublie aucun de ses bienfaits !

Le Seigneur est tendresse et pitié,
lent à la colère et plein d'amour ;
comme la tendresse du père pour ses fils,
la tendresse du Seigneur pour qui le craint !

Mais l'amour du Seigneur,
sur ceux qui le craignent,
est de toujours à toujours,
et sa justice pour les enfants
de leurs enfants,
pour ceux qui gardent son Alliance.

Psaume 102

Fin de la première étape

Vous voici parvenus au terme de la première étape de votre préparation au mariage. Il est temps de faire une halte, de reprendre souffle…

Vous avez pu approfondir quelques-unes des questions essentielles à propos du mariage. Pourquoi est-il bon pour l'homme ? Comment l'homme et la femme peuvent-ils le vivre ? En être dignes ? Pourquoi Dieu les destine-t-il à cet amour conjugal ? Alors que votre regard était fixé sur la dimension humaine du mariage, avec ses innombrables richesses, vous avez aussi entendu une première annonce de la Bonne Nouvelle de Jésus-Christ.

À la fin de cette première étape, vous pouvez reprendre à nouveau cette question du Christ : « Que cherchez-vous ? » Feriez-vous aujourd'hui la même réponse qu'il y a trois mois ? (Voyez ce que vous aviez écrit pages 2 et 3 de votre *Carnet de notes*.)
Vous avez plusieurs fois médité la parole de Jésus. Avez-vous le sentiment d'avoir vraiment rencontré Jésus ? Comment répondez-vous à cette question qu'il pose à chacun : « Pour vous, qui suis-je ? » (Luc 9,20).

Peut-être est-il encore trop tôt pour répondre. Mais, si vous voulez aller plus loin, si vous voulez mieux le connaître et lui confier votre amour, l'Église vous appelle maintenant à vivre une deuxième étape dans votre préparation. Prenez le temps d'en parler, à deux.

Le moment est aussi venu de rencontrer un prêtre – celui qui célébrera votre mariage (si ce n'est pas votre accompagnateur) et à qui vous parlerez de votre préparation. Vous pouvez également rencontrer le prêtre de la paroisse qui sera la vôtre, après votre mariage.

Les fiançailles

Il y a différentes façons d'envisager les fiançailles, dont celle-ci : elles commencent quand le discernement est achevé. L'homme et la femme connaissent le projet de Dieu, ils savent qu'ils veulent le vivre, ensemble. Ils vont alors prendre un temps pour se "consacrer" au Seigneur, se préparer à sa rencontre, se convertir.
Si tel est votre cas, le moment est venu de vivre cette célébration de fiançailles, que votre accompagnateur vous proposera.

Les lettres d'intention

Avant de revoir votre accompagnateur, vous allez rédiger vos lettres d'intention qui seront insérées dans le dossier de votre mariage (voir ci-dessous). Elles attesteront que vous avez compris ce qu'est le mariage à l'Église, et que vous ne vous trompez pas en le demandant.

Chacun de vous deux rédige sa propre lettre d'intention. Elle n'est adressée ni à l'autre, ni au prêtre, ni même à Dieu. Ce n'est pas une déclaration d'amour, qui ne regarderait que vous ; mais elle doit exprimer la vérité de votre engagement.
Elle comportera explicitement les points suivants :

- Vous êtes totalement libre dans votre démarche.
- Votre engagement est pour toute la vie.
- Vous promettez fidélité à l'autre.
- Vous voulez des enfants, que vous élèverez dans la foi.

Ces lettres peuvent faire quatre lignes comme une page. Rédigez-les sur une feuille libre, puis, après les avoir montrées à celui qui vous accompagne, vous les daterez, les signerez, et les recopierez sur votre *Carnet de notes* (pages 18 et 19). Il est important que vous gardiez une trace de l'engagement que vous avez pris.

Le dossier de mariage (ou dossier « canonique »)

Votre dossier va être constitué. Il pourra être ainsi envoyé, en temps et en heure, au curé de la paroisse où votre mariage va être célébré – vous pouvez le rassurer sur ce point.

Avez-vous fourni toutes les pièces nécessaires ? Attention, si ce n'est pas le cas, il devient très urgent de le faire.

- Dates et paroisses de baptême.
- Actes de naissance.
- Date et lieu de mariage civil, éventuellement copie de l'acte.
- Noms des témoins.
- Lettres d'intention.

Textes complémentaires

Cinq autres textes de la Bible que vous pourrez choisir pour la célébration de votre mariage :

Le mariage d'Isaac

L'intendant d'Abraham avait été envoyé chercher une épouse pour Isaac. Arrivé au pays d'origine de son maître, il rencontra Rébecca près de la fontaine, et il dit à Laban, le frère de la jeune fille : « J'étais venu prendre pour Isaac Rébecca, la nièce de mon maître. Le Seigneur m'a conduit chez toi par le bon chemin. Je me suis prosterné pour l'adorer, et j'ai béni le Dieu de mon maître. Et maintenant, si vous voulez montrer à mon maître votre affection et votre fidélité, dites-le franchement ; si vous refusez, dites-le-moi aussi, pour que je sache dans quel sens me tourner. » Laban et Bétuel, père de Rébecca, répondirent : « Le Seigneur s'est prononcé, ce n'est pas à nous de choisir. Voici Rébecca devant toi : emmène-la et qu'elle devienne l'épouse d'Isaac, comme l'a dit le Seigneur. »
Le lendemain, l'intendant dit aux parents de Rébecca : « Ne me retardez pas, laissez-moi m'en aller. » Ils appelèrent Rébecca et lui dirent : « Veux-tu partir avec cet homme ? » Elle répondit : « Oui, je partirai. » Alors ils laissèrent Rébecca et sa nourrice s'en aller avec l'intendant d'Abraham et ses hommes. Ils bénirent Rébecca en lui disant : « Ô toi, notre sœur, puisses-tu devenir la mère d'un peuple innombrable ! Que ta descendance occupe les places fortes de ses ennemis ! » Aussitôt Rébecca et ses servantes montèrent sur les chameaux, et suivirent l'intendant. Celui-ci emmena donc Rébecca.
Isaac habitait alors le Néguev. Il était sorti à la tombée du jour lorsque, levant les yeux, il vit arriver les chameaux. Rébecca, levant les yeux elle aussi, vit Isaac. Elle sauta à bas de son chameau et dit à l'intendant : « Quel est cet homme qui vient dans la campagne à notre rencontre ? » L'intendant répondit : « C'est mon maître. » Alors elle prit son voile et se cacha le visage. L'intendant rendit compte à Isaac de tout ce qu'il avait fait.
Isaac introduit Rébecca dans sa tente ; il l'épousa, elle devint sa femme, et il l'aima.

Genèse 24,48-51.58-67a

La femme, lumière de la maison

Heureux l'homme qui a une bonne épouse : sa vie sera deux fois plus belle. La femme courageuse fait la joie de son mari : il possèdera le bonheur tout au long de sa vie. Une femme de valeur, voilà le bon parti, la part que le Seigneur donne à ceux qui le servent ; riches ou pauvres, ils ont le cœur joyeux, en toute circonstance leur visage est souriant. La grâce de la femme enchante son mari, et ses talents lui donnent le bien-être. Une femme qui sait se taire est un don du Seigneur. Rien ne vaut une femme préparée à sa tâche. C'est un don merveilleux qu'une femme discrète. Une âme qui se maîtrise est un trésor sans prix. Un lever de soleil sur les montagnes du Seigneur : ainsi, la beauté d'une épouse parfaite est la lumière de sa maison.

Siracide 26,1-4.13-16

Portrait de la femme vaillante

La femme vaillante, qui donc peut la trouver ? Elle est infiniment plus précieuse que les perles. Son mari peut avoir confiance en elle : au lieu de lui coûter, elle l'enrichira. Tous les jours de sa vie, elle lui épargne le malheur et lui donne le bonheur. Elle fait provision de laine et de lin, et ses mains travaillent avec entrain. Sa main saisit la quenouille, ses doigts dirigent le fuseau. Ses doigts s'ouvrent en faveur du pauvre, elle tend la main au malheureux. Décevante est la grâce, et vaine la beauté ; la femme qui craint le Seigneur est seule digne de louange. Reconnaissez les fruits de son travail : sur la place publique, on fera l'éloge de son activité.

Proverbes 31,10-13.19-20.30-31

L'union et la paix du foyer chrétien

Frères, quand les femmes sont soumises à leur mari, s'il arrive que certains refusent de croire à la parole de Dieu, ils seront gagnés, sans paroles, par la conduite de leur femme, en ayant devant les yeux cette attitude pure et pleine de respect.
Femmes, ce qu'il vous faut, ce n'est pas seulement la beauté extérieure – raffinements de coiffure, bijoux d'or, belles toilettes – mais, au fond de vous-mêmes, une âme qui ne perd jamais sa douceur et son calme : voilà ce qui est précieux aux regards de Dieu. C'est cela qui faisait la beauté des femmes d'autrefois : elles, qui espéraient en Dieu, étaient soumises à leur mari ; Sara, par exemple, obéissait à Abraham, qu'elle appelait son seigneur. Vous êtes devenues ses filles ; faites donc ce qui est bien, sans crainte et sans aucun trouble.
A votre tour, vous les hommes, sachez comprendre, dans la vie commune, que les femmes sont des êtres plus délicats ; traitez-les avec respect, puisqu'elles héritent, au même titre que vous, de la grâce qui donne la vie. Ainsi, rien ne viendra contrarier vos prières.
Enfin, que tout le monde vive parfaitement uni, plein de sympathie, d'amour fraternel, de tendresse, de simplicité. Ne rendez pas le mal pour le mal, ni l'insulte pour l'insulte ; au contraire, appelez sur les autres la bénédiction puisque, par vocation, vous devez recevoir en héritage les bénédictions de Dieu.

1 Pierre 3,1-9

Dieu est Amour

Mes bien-aimés, aimons-nous les uns les autres, puisque l'amour vient de Dieu.
Tous ceux qui aiment sont enfants de Dieu, et ils connaissent Dieu. Celui qui n'aime pas ne connaît pas Dieu, car Dieu est Amour.
Voici comment Dieu a manifesté son amour parmi nous : Dieu a envoyé son Fils unique dans le monde pour que nous vivions par lui.
Voici à quoi se reconnaît l'amour : ce n'est pas nous qui avons aimé Dieu, c'est lui qui nous a aimés, et il a envoyé son Fils qui est la victime offerte pour nos péchés.
Mes bien-aimés, puisque Dieu nous a tant aimés, nous devons nous aimer les uns les autres. Dieu, personne ne l'a jamais vu. Mais si nous nous aimons les uns les autres, Dieu demeure en nous, et son amour atteint en nous sa perfection.

1re lettre de Jean 4,7-12

Dieu consacre notre amour

2e étape

2e étape

Vos rendez-vous « une heure pour nous » se déroulent comme pour la première étape. Cette deuxième étape prévoit deux rencontres avec votre accompagnateur. Vous avez maintenant l'habitude !

Cette étape comportera deux particularités.

◆ Vous préparerez la liturgie de votre mariage. Il faudra le faire ensemble... Vous trouverez dans ce carnet (pp. 110 à 122), tous les textes et les conseils dont vous avez besoin pour organiser la célébration. À cette occasion, vous allez rencontrer le prêtre ou le diacre qui recevra vos consentements. Mais vous pourrez aussi préparer la cérémonie avec celui ou celle qui vous accompagne.

◆ Quand vous serez parvenus la fin de cette deuxième étape, l'Église vous invitera à recevoir le sacrement de réconciliation.

Si vous le souhaitez, vous remettrez votre vie à la miséricorde de Dieu. Ne redoutez pas ce moment car vous connaîtrez cette joie merveilleuse de vous savoir pardonné(e) et aimé(e) au-delà de tout ce que vous pouviez imaginer. Ce sera pour chacun de vous l'occasion de rencontrer personnellement le prêtre de votre choix.

Mais ne brûlons pas les étapes.

Bonne route !

Dieu fait de notre alliance un sacrement

Notre vocation baptismale

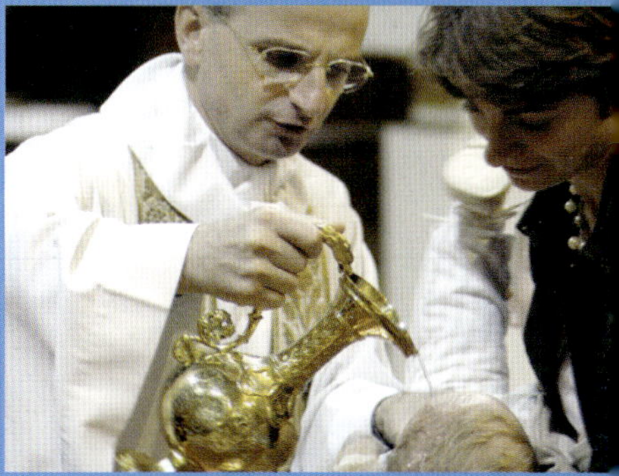

Accomplie dans l'eucharistie

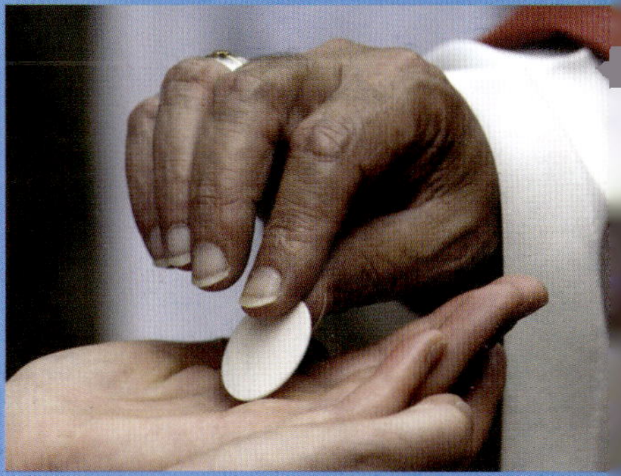

En vue des noces éternelles

La réalité naturelle du mariage devient, par la volonté du Christ, un véritable sacrement de la Nouvelle Alliance marqué du sceau du Christ Rédempteur.

Lettre aux familles (Jean-Paul II)

Notre vocation baptismale

Vivez dans l'amour comme le Christ nous a aimés. Par respect pour le Christ, soyez soumis les uns aux autres ; les femmes, à leur mari, comme au Seigneur Jésus ; car, pour la femme, le mari est la tête, tout comme pour l'Église, le Christ est la tête, lui qui est le sauveur de son corps. Eh bien ! si l'Église se soumet au Christ, qu'il en soit toujours de même pour les femmes à l'égard de leur mari. Vous, les hommes, aimez votre femme à l'exemple du Christ : il a aimé l'Église, il s'est livré pour elle ; il voulait la rendre sainte en la purifiant par le bain du baptême et la Parole de vie ; il voulait se la présenter à lui-même, cette Église, resplendissante, sans tache, ni ride, ni aucun défaut ; il la voulait sainte et irréprochable. C'est comme cela que le mari doit aimer sa femme : comme son propre corps. Celui qui aime sa femme s'aime soi-même. Jamais personne n'a méprisé son propre corps : au contraire, on le nourrit, on en prend soin. C'est ce que fait le Christ pour l'Église, parce que nous sommes les membres de son corps. Comme dit l'Écriture : « À cause de cela, l'homme quittera son père et sa mère, il s'attachera à sa femme, et tous deux ne feront plus qu'un. » Ce mystère est grand : je le dis en pensant au Christ et à l'Église. Pour en revenir à vous, chacun doit aimer sa propre femme comme lui-même, et la femme doit avoir du respect pour son mari.

Éphésiens 5,2a.21-33

Ce texte n'est ni scandaleux ni dépassé, mais au contraire il nous révèle la profondeur du mystère du mariage. Il ne s'agit nullement de l'apologie d'un quelconque « machisme » patriarcal, mais de ce grand mystère qu'est l'Alliance du Christ et de l'Église, Alliance qui fonde l'union de l'homme et de la femme. Votre couple est signe, autrement dit « sacrement », de l'amour du Christ pour son Église… Rien que cela !

La soumission dont il est question n'est pas une marque d'infériorité. Elle caractérise celui ou celle qui « se reçoit » d'un autre. L'Église ne peut exister sans le Christ. C'est lui sa raison d'être, tout ce qu'elle fait vise l'union au Christ : elle lui est « soumise ». De façon symétrique, la tête veut dire la « source ». Le Christ est la source de l'Église, il est tête, non parce qu'il domine, mais parce qu'il la fait exister en se donnant.

Ce que nous dit la foi chrétienne

Le bain du baptême.
- Le baptême nous plonge dans l'eau qui fait mourir pour nous faire renaître à une vie nouvelle.
- On meurt au péché avec Jésus pour vivre ressuscité en Jésus.

La Parole de vie.
- « Je te baptise au nom du Père et du Fils et du Saint-Esprit. »
- « Au nom de » veut dire « dans la personne de ».
- Par le baptême nous entrons dans la communion d'amour qui unit le Père, le Fils et l'Esprit Saint.

Pour les baptisés, le mariage est un sacrement.
- Les époux sont signe de l'amour du Christ et de l'Église.
- Les « enfants » de l'amour du Christ et de l'Église sont les baptisés.

Des questions à discuter

Reportez-vous à votre *Carnet de notes* page 25.

Notre prière

Pour faire mémoire de notre baptême

Je vous prendrai du milieu des nations,
je vous rassemblerai de tous les pays,
je vous conduirai dans votre terre.

Je répandrai sur vous une eau pure,
et vous serez purifiés ;
de toutes vos souillures, de toutes vos idoles,
je vous purifierai.

Je vous donnerai un cœur nouveau,
je mettrai en vous un esprit nouveau.
J'ôterai de votre chair le cœur de pierre,
je vous donnerai un cœur de chair.

Je mettrai en vous mon esprit,
je ferai que vous marchiez selon mes lois,
que vous gardiez mes préceptes
et leur soyez fidèles.

Vous habiterez le pays
que j'ai donné à vos pères :
vous, vous serez mon peuple,
et moi, je serai votre Dieu.

Ézéchiel 36,24-28

Accomplie dans l'eucharistie

Il y eut un mariage à Cana en Galilée. La mère de Jésus était là. Jésus aussi avait été invité au repas de noces avec ses disciples.
Or, on manqua de vin ; la mère de Jésus lui dit : « Ils n'ont pas de vin. » Jésus lui répond : « Femme, que me veux-tu ? Mon heure n'est pas encore venue. » Sa mère dit aux serviteurs : « Faites tout ce qu'il vous dira. »
Or, il y avait là six cuves de pierre pour les ablutions rituelles des juifs ; chacune contenait environ cent litres. Jésus dit aux serviteurs : « Remplissez d'eau les cuves. » Et ils les remplirent jusqu'au bord. Il leur dit : « Maintenant, puisez, et portez-en au maître du repas. » Ils lui en portèrent. Le maître du repas goûta l'eau changée en vin. Il ne savait pas d'où venait ce vin, mais les serviteurs le savaient, eux qui avaient puisé l'eau. Alors le maître du repas interpelle le marié et lui dit : « Tout le monde sert le bon vin en premier, et, lorsque les gens ont bien bu, on apporte le moins bon. Mais toi, tu as gardé le bon vin jusqu'à maintenant. »
Tel fut le commencement des signes que Jésus accomplit. C'était à Cana en Galilée. Il manifesta sa gloire, et ses disciples crurent en lui.

Jean 2,1-11

La tradition juive veut qu'on invite à la noce toutes les personnes des villages alentour. Et c'est le nouvel époux qui offre le vin de la noce. Ici, à Cana, Jésus révèle qu'il est le véritable « époux » venu accomplir la promesse du Père.

Ce « signe » (c'est le même mot que miracle) est d'une grande portée théologique puisqu'il préfigure le don du « vin nouveau » pour l'alliance, l'alliance des noces nouvelles et éternelles.

Ce vin c'est bien sûr celui de l'eucharistie, le sang du Christ, versé pour la multitude et pour le pardon des péchés, et il est donné en surabondance.

L'évangile des noces de Cana est une belle révélation sur le sens du mariage humain. Jésus consacre l'alliance de l'homme et de la femme en les invitant à puiser dans l'eucharistie la grâce de leur vie conjugale.

Ce que nous dit la foi chrétienne

À l'époque de Jésus, le jeune époux offrait le vin des noces.
- À Cana, Jésus inaugure la Nouvelle Alliance. Il est l'Époux de l'Église.
- La messe est le repas de noces de Jésus et de l'Église.

La messe est le sommet de la vie chrétienne.
- À la messe, les époux viennent offrir toute leur vie d'amour au Père.
- À la messe, on apporte aussi la pauvreté de nos vies.

Elle devient le vin de nos noces.

La messe est la source de la vie conjugale.
- À la messe, Jésus, l'Époux, se donne à l'Église, sa bien-aimée.
- L'union des époux, dans le mariage, est donc en lien avec l'eucharistie.

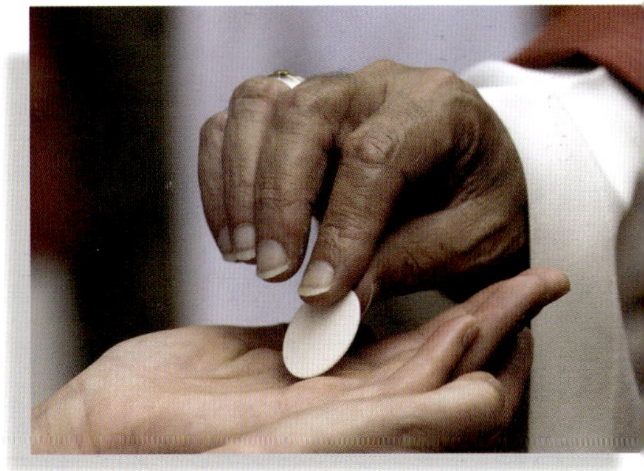

Des questions à discuter

Reportez-vous à votre *Carnet de notes* page 26.

Notre prière

Pour apprendre à vivre l'eucharistie

Seigneur notre Dieu, tu nous as appelés par notre nom, pour qu'en nous donnant l'un à l'autre nous devenions une seule chair et un seul esprit ; donne-nous le corps de ton Fils par qui se réalisera notre unité. Tu es la source de notre amour et tu as mis en nous le désir de bonheur qui nous anime ; donne-nous le sang de ton Fils qui sanctifiera notre amour et notre joie.
En recevant le pain de Vie et la coupe de bénédiction, que nous apprenions à donner notre vie pour les autres ; que nous élevions dans la fidélité à l'Évangile les enfants qui naîtront de notre amour ; [...] que nous nous montrions accueillants aux plus pauvres ; que nous puissions toujours te rendre grâce, et venions souvent renouveler notre alliance en communiant ensemble au corps ressuscité de Jésus Christ.
Amen.

D'après la quatrième bénédiction nuptiale

En vue des noces éternelles

Après cela, j'ai entendu dans le ciel comme une voix puissante, celle d'une foule immense qui proclamait : « Alléluia ! C'est à notre Dieu qu'appartiennent le salut, la gloire et la puissance. » Et du trône venait une voix qui disait : « Chantez les louanges de notre Dieu, vous tous qui le servez et le craignez, des plus petits jusqu'aux plus grands. » Alors j'entendis comme la voix d'une foule immense, comme la voix des océans, ou celle de violents coups de tonnerre. Elle proclamait : « Alléluia ! Le Seigneur notre Dieu a pris possession de sa royauté, lui le Tout-Puissant. Soyons dans la joie, exultons, rendons-lui gloire, car voici les noces de l'Agneau. Son épouse a revêtu ses parures, Dieu lui a donné un vêtement en fin tissu de lin, pur et resplendissant, qui est la sainteté des justes. » Un ange me dit alors : « Écris ceci : heureux les invités au repas des noces de l'Agneau ! »

Apocalypse 19,1.5-9a

« Viens, je te montrerai la Fiancée, l'épouse de l'Agneau. » L'ange me montra la cité sainte, Jérusalem, qui descendait du ciel, d'auprès de Dieu. Elle resplendissait de la gloire de Dieu.

Apocalypse 21,9b.10b

L'Esprit et l'Épouse disent : « Viens ! » Celui qui entend, qu'il dise aussi : « Viens ! »

Apocalypse 22,17a

Le mot « apocalypse » est devenu à tort synonyme de catastrophe et de terreur. En fait ce mot signifie littéralement « lever un voile », dévoiler ce qui était caché, et plus largement « révélation ». L'auteur de ce dernier livre de la Bible décrit la vision qu'il a reçue de l'éternité bienheureuse. Tout ici élève notre espérance vers un horizon céleste et divin.

On saisit clairement, dans ces extraits, que l'éternité est présentée comme les noces de l'Agneau. L'Épouse, c'est l'Église, appelée la nouvelle Jérusalem. La cité sainte, c'est l'Église glorifiée, un peuple innombrable.

Ce que nous dit la foi chrétienne

« J'ai vu la Jérusalem céleste qui descendait du ciel. »
- À la Toussaint nous fêtons tous ceux qui sont au ciel.
- L'Église qui est sur terre n'est pas une autre Église que celle du ciel.

Au ciel, l'humanité vivra dans la perfection de l'amour.
- Le mariage est une école d'amour divin.
- L'amour d'un(e) seul(e) nous apprend l'amour de tous.

Le signe du célibat consacré.
- Il est signe, ici-bas, de l'éternité.
- Il rappelle que l'amour du Christ est source de tout amour.
- Mariés ou consacrés dans le célibat, nous vivrons dans la gloire éternelle.
- Ne pas estimer l'un de ces états de vie c'est mépriser l'autre.

Des questions à discuter

Reportez-vous à votre *Carnet de notes* page 27.

Notre prière

Pour accueillir ce que Dieu nous révèle en Jésus-Christ

Nous te bénissons Dieu et Père
de notre Seigneur Jésus Christ [...]
Tu nous as choisis, dans le Christ avant
que le monde fût créé,
pour être saints et sans péchés devant toi
et grâce à ton amour.

Tu as voulu que nous soyons des fils adoptifs
par Jésus Christ.
Voilà ce que dans ta bonté tu as voulu.
Et tu nous as comblés de ta grâce
par ton Fils bien-aimé.

En lui, par son sang, nous recevons
le pardon de nos péchés.

Ta grâce, Seigneur, est inépuisable.
Elle nous remplit de sagesse et
d'intelligence
et nous dévoile le mystère de ta volonté
accomplie dans le Christ.
C'est en lui qu'à la fin des temps
seront rassemblées toutes choses,
les êtres du ciel comme ceux de la terre.

D'après Éphésiens 1,3-10

Dieu nous appelle à une alliance sainte

Le vrai bonheur

Tous nos actes sont importants

La vérité de l'amour

La chasteté dans le mariage

La sainteté est la vocation universelle des baptisés.
Lettre aux familles (Jean-Paul II)

Le vrai bonheur

Quand Jésus vit la foule, il gravit la montagne. Il s'assit, et ses disciples s'approchèrent. Alors, ouvrant la bouche, il se mit à les instruire. Il disait :
« Heureux les pauvres de cœur : le Royaume des cieux est à eux !
Heureux les doux : ils obtiendront la Terre promise !
Heureux ceux qui pleurent : ils seront consolés !
Heureux ceux qui ont faim et soif de la justice : ils seront rassasiés !
Heureux les miséricordieux : ils obtiendront miséricorde !
Heureux les cœurs purs : ils verront Dieu !
Heureux les artisans de paix : ils seront appelés fils de Dieu !
Heureux ceux qui sont persécutés pour la justice : le Royaume des cieux est à eux !
Heureux serez-vous si l'on vous insulte, si l'on vous persécute et si l'on dit faussement toute sorte de mal contre vous, à cause de moi. Réjouissez-vous, soyez dans l'allégresse, car votre récompense sera grande dans les cieux ! »

Matthieu 5,1-12a

Après avoir conduit le peuple de Dieu hors de l'esclavage en Égypte, Moïse, dans le désert, monta plusieurs fois sur la montagne du Sinaï. Là, il rencontrait Dieu, qui lui parlait face à face, comme de « bouche à oreille ». Puis le peuple tout entier vint sur les flancs de la montagne entendre les dix paroles sacrées que Dieu avait données. Cette Loi que Jésus a rappelée à l'homme venu lui poser la question : « Que dois-je faire de bon pour avoir la vie ? » (voir p. 34), il n'est pas venu l'abolir, mais l'accomplir c'est-à-dire la mener à sa perfection en la vivant dans la plus sainte et plus fidèle obéissance à son Père.

Jésus, à son tour, gravit la montagne. Mais lui ne vient pas rencontrer Dieu, il est Dieu. C'est lui qui « ouvre la bouche » pour parler. Il va donner à ses disciples une loi nouvelle, celle que Jérémie promettait. Gravée par l'Esprit Saint dans le cœur des croyants, c'est une loi de bonheur : « Heureux ! Heureux ! » Cette loi ne consiste en rien d'autre que de vivre « dans » le Christ, lui qui est doux, miséricordieux, artisan de paix et de justice.

Ce que nous dit la foi chrétienne

Qui nous fera voir le bonheur ?
- Certaines valeurs de notre monde ne sont pas conformes à ce que nous enseigne Jésus.
- Jésus est celui qui a vécu à la perfection les Béatitudes.
- Le couple chrétien peut vivre dans l'esprit des Béatitudes : douceur, compassion, pardon, paix…

Un paradoxe étonnant.
- Jésus nous propose un bonheur déjà là et pourtant encore à venir.
- Les bonheurs de ce monde ne sont que provisoires.

On vous persécutera à cause de moi.
- Le chrétien accepte d'être en contradiction avec le monde.
- Apparemment, seulement, le mal et ceux qui le commettent sont souvent victorieux.

Des questions à discuter

Reportez-vous à votre *Carnet de notes* page 29.

Notre prière

Pour éclairer notre vocation

Qui cherche Dieu
ne manque d'aucun bien !

Heureux qui craint le Seigneur,
qui aime entièrement sa volonté !
Sa lignée sera puissante sur la terre ;
la race des justes est bénie.

Les richesses affluent dans sa maison ;
à jamais se maintiendra sa justice.
Lumière des cœurs droits,
il s'est levé dans les ténèbres,
homme de justice, de tendresse et de pitié.

L'homme de bien a pitié, il partage ;
il mène ses affaires avec droiture.
Cet homme jamais ne tombera ;
toujours on fera mémoire du juste.

Il ne craint pas l'annonce d'un malheur :
le cœur ferme, il s'appuie sur le Seigneur.
Son cœur est confiant, il ne craint pas :
il verra ce que valaient ses oppresseurs.

À pleines mains, il donne aux pauvres ;
à jamais se maintiendra sa justice,
sa puissance grandira, et sa gloire !

Psaume 111

Tous nos actes sont importants

« Il ne suffit pas de me dire : “Seigneur, Seigneur !”, pour entrer dans le Royaume des cieux ; mais il faut faire la volonté de mon Père qui est aux cieux.
Tout homme qui écoute ce que je vous dis là et le met en pratique est comparable à un homme prévoyant qui a bâti sa maison sur le roc. La pluie est tombée, les torrents ont dévalé, la tempête a soufflé et s'est abattue sur cette maison ; la maison ne s'est pas écroulée, car elle était fondée sur le roc.
Et tout homme qui écoute ce que je vous dis là sans le mettre en pratique est comparable à un homme insensé qui a bâti sa maison sur le sable. La pluie est tombée, les torrents ont dévalé, la tempête a soufflé, elle a secoué cette maison ; la maison s'est écroulée, et son écroulement a été complet. »

Matthieu 7,21.24-27

Le « Discours sur la montagne » commence avec les Béatitudes (voir p. 72) et se termine par la page qui vous est proposée aujourd'hui.

Jésus s'exprime ici à la manière des sages de l'époque, en opposant la bonne et la mauvaise voie. C'est une invitation pressante à choisir la bonne voie, à garder les commandements du Seigneur, à les mettre en pratique. Il ne profère ni menaces, ni avertissements. Il en appelle à la vérité des actes.

Dans la Bible, le thème du rocher est très utilisé pour désigner la solidité et plus précisément la solidité de Dieu. D'ailleurs de nombreux psaumes invoquent Dieu comme le roc sur lequel le croyant peut s'appuyer et construire son existence.

Saint Paul reprendra ce thème du rocher sur lequel Moïse frappa pour en faire jaillir de l'eau, afin de désaltérer le peuple épuisé par la soif, indiquant que désormais le rocher qui désaltère, c'est le Christ lui-même.

La maison dont parle Jésus, c'est bien sûr l'Église mais c'est aussi chacune de nos familles. Il nous invite à bâtir notre vie de famille sur sa personne – la vie chrétienne peut devenir la fondation de la vie tout court. Il nous invite à regarder, avec lucidité et compassion, un monde où tant de familles prétendent se construire sans Dieu, où tant de familles tombent en ruines.

Ce que nous dit la foi chrétienne

Nos actes « disent » ce que nous sommes.
- Nous sommes capables de faire le bien ou d'opter pour le mal.
- L'ignorance diminue la responsabilité mais pas le mal.

Nos actes nous façonnent.
- À force de ne pas vivre comme on pense, on finit par penser comme on vit.
- « L'enfer est pavé de bonnes intentions. »

Agir selon sa conscience.
- La conscience est une voix intérieure qui juge nos actes et que l'on doit écouter.
- L'homme doit éclairer sa conscience pour choisir le bien.
- L'Église ne peut rien nous imposer, elle parle à notre conscience.

Des questions à discuter

Reportez-vous à votre *Carnet de notes* page 30.

Notre prière

Dans un humble dialogue avec Dieu

Donne-nous Seigneur un cœur nouveau !

« Écoute, mon peuple, je parle ;
Israël, je te prends à témoin.
Moi, Dieu, je suis ton Dieu.
Je ne t'accuse pas pour tes sacrifices ;
tes holocaustes sont toujours devant moi.

Offre à Dieu le sacrifice d'action de grâce,
accomplis tes vœux envers le Très-Haut.
Invoque-moi au jour de détresse :
je te délivrerai, et tu me rendras gloire. »

Mais à l'impie, Dieu déclare :
« Qu'as-tu à réciter mes lois,
à garder mon Alliance à la bouche,
toi qui n'aimes pas les reproches
et rejettes loin de toi mes paroles ?

Qui offre le sacrifice d'action de grâce,
celui-là me rend gloire :
sur le chemin qu'il aura pris,
je lui ferai voir le salut de Dieu. »

Psaume 49

La vérité de l'amour

Je vous exhorte, mes frères, par la tendresse de Dieu, à lui offrir votre personne et votre vie en sacrifice saint, capable de plaire à Dieu : c'est là pour vous l'adoration véritable. Ne prenez pas pour modèle le monde présent, mais transformez-vous en renouvelant votre façon de penser pour savoir reconnaître quelle est la volonté de Dieu : ce qui est bon, ce qui est capable de lui plaire, ce qui est parfait.

Que votre amour soit sans hypocrisie. Fuyez le mal avec horreur, attachez-vous au bien. Soyez unis les uns aux autres par l'affection fraternelle, rivalisez de respect les uns pour les autres. Ne brisez pas l'élan de votre générosité, mais laissez jaillir l'Esprit ; soyez les serviteurs du Seigneur. Aux jours d'espérance, soyez dans la joie ; aux jours d'épreuve, tenez bon ; priez avec persévérance. Partagez avec les fidèles qui sont dans le besoin, et que votre maison soit toujours accueillante. Bénissez ceux qui vous persécutent ; souhaitez-leur du bien, et non pas du mal. Soyez joyeux avec ceux qui sont dans la joie, pleurez avec ceux qui pleurent. Soyez bien d'accord entre vous ; n'ayez pas le goût des grandeurs, mais laissez-vous attirer par ce qui est simple. Ne vous fiez pas à votre propre jugement. Ne rendez à personne le mal pour le mal, appliquez-vous à bien agir aux yeux de tous les hommes. Autant que possible, pour ce qui dépend de vous, vivez en paix avec tous les hommes.

Romains 12,1-2.9-18

Dans cette épître, Paul appelle les chrétiens de Rome à bien comprendre ce qu'est la sainteté véritable. Cette jeune communauté rassemble des juifs convertis et des païens devenus chrétiens. Cela crée quelques tensions et conflits – les premiers défendent les coutumes et la Loi de Moïse, les seconds ont sans doute quelques difficultés à abandonner leurs pratiques païennes.

Paul explique qu'il s'agit d'abord de vivre la vérité de l'amour, en Jésus-Christ. Les traditions, comme la sagesse humaine, ne sont pas l'essentiel. Le seul comportement véritablement sage, c'est d'aimer à la mesure divine qui, on le sait, est « d'aimer sans mesure » !

Cette page magnifique vous propose un véritable programme d'amour conjugal.

Ce que nous dit la foi chrétienne

Le sacrifice suppose le don de soi.
- La messe est le sacrifice du Christ qui se donne à Dieu et aux hommes.
- Le mariage, don de soi à un(e) autre, est un sacrifice qui plaît à Dieu.

Un nécessaire travail de conversion.
- Il faut avoir l'intelligence du bien, pour faire le bien.
- Il faut « avoir horreur » du mal pour ne pas en devenir complice.

« Rivalisez de respect les uns pour les autres. »
- L'amour du conjoint est au cœur de la sainteté.
- L'amour n'est jamais violent.

Des questions à discuter

Reportez-vous à votre *Carnet de notes* page 31.

Notre prière

« Père saint, maintenant que je viens à toi, je parle ainsi, en ce monde, pour que mes disciples aient en eux ma joie et qu'ils en soient comblés. […] Consacre-les par la vérité : ta parole est vérité. De même que tu m'as envoyé dans le monde, moi aussi, je les ai envoyés dans le monde. Et pour eux je me consacre moi-même, afin qu'ils soient, eux aussi, consacrés par la vérité. Je ne prie pas seulement pour ceux qui sont là, mais encore pour ceux qui accueilleront leur parole et croiront en moi. Que tous, ils soient un, comme toi, Père, tu es en moi, et moi en toi. Qu'ils soient un en nous, eux aussi, pour que le monde croie que tu m'as envoyé. Et moi, je leur ai donné la gloire que tu m'as donnée, pour qu'ils soient un comme nous sommes un : moi en eux, et toi en moi. Que leur unité soit parfaite ; ainsi, le monde saura que tu m'as envoyé, et que tu les as aimés comme tu m'as aimé. Père, ceux que tu m'as donnés, je veux que là où je suis, eux aussi soient avec moi, et qu'ils contemplent ma gloire, celle que tu m'as donnée parce que tu m'as aimé avant même la Création du monde. Père juste, le monde ne t'a pas connu, mais moi je t'ai connu, et ils ont reconnu, eux aussi, que tu m'as envoyé. Je leur ai fait connaître ton nom, et je le ferai connaître encore, pour qu'ils aient en eux l'amour dont tu m'as aimé, et que moi aussi, je sois en eux. »

Jean 17,13-26

La chasteté dans le mariage

Frères, notre corps est pour le Seigneur Jésus et le Seigneur est pour le corps. Et Dieu, qui a ressuscité le Seigneur, nous ressuscitera aussi, par sa puissance. Ne savez-vous pas que vos corps sont les membres du Christ ? Celui qui s'unit au Seigneur n'est plus qu'un seul esprit avec lui.
Fuyez l'impureté. Tous les péchés que l'homme peut commettre sont extérieurs à son corps ; mais l'impureté est un péché contre le corps lui-même.
Ne le savez-vous pas ? Votre corps est le temple de l'Esprit Saint, qui est en vous et que vous avez reçu de Dieu ; vous ne vous appartenez plus à vous-mêmes, car le Seigneur vous a achetés très cher. Rendez gloire à Dieu dans votre corps.

I Corinthiens 6,13b-15a.17-20

À l'époque où Paul écrit ce texte, Corinthe est une ville très importante, cosmopolite, et un carrefour commercial considérable. Les valeurs culturelles et sociales prônées et les comportements de débauche qui y règnent sont en contradiction avec l'enseignement du Christ : la jeune communauté chrétienne de Corinthe, fervente et dynamique, est plongée dans ce monde.

Les mœurs et notamment les mœurs sexuelles de certains croyants sont perverses. D'ailleurs, dans cette lettre, Paul doit traiter, avec une grande fermeté, d'un cas d'inceste.

Ce que l'apôtre appelle « l'impureté », c'est particulièrement ce qui touche à la prostitution. Mais on peut l'appliquer à la vie intime du couple. L'homme, la femme « sont » leur corps, et pécher contre ce corps, c'est atteindre la personne même – voire les deux personnes, celle qui commet l'impureté et celle qui en est victime.

Le mariage est un don mutuel et gratuit, don des cœurs et des corps : désormais, celui de l'homme appartient à la femme, celui de la femme à l'homme. Dans la suite de la page que nous venons de lire, Paul explique que cette communion des époux est possible parce que nos corps appartiennent au Christ. C'est lui qui nous établit dans le don des personnes.

Ce que nous dit la foi chrétienne

La chasteté consiste à unifier sa vie, dans le don de soi, avec sa spécificité sexuelle.
- La chasteté n'est pas l'abstinence de relations sexuelles.
- L'union sexuelle n'est chaste que si elle est l'expression du don de soi.
- L'union sexuelle en dehors du mariage n'est jamais chaste.

La joie d'un amour unifié.
- Le don des corps doit être en cohérence avec toute la vie du couple.
- La joie du corps ne peut être séparée de la joie du cœur et de celle de l'esprit.

La vérité du don de soi.
- Le don de soi n'est vrai que s'il est sans retour.
- Le don de soi implique la totalité de la personne.
- Le don de soi suppose le respect de l'intégrité de la personne.

Des questions à discuter

Reportez-vous à votre *Carnet de notes* page 32.

Notre prière à l'école de Marie

Une dizaine du Chapelet

Notre Père, qui es aux cieux,
que ton nom soit sanctifié,
que ton règne vienne,
que ta volonté soit faite sur la terre
comme au ciel.

Donne-nous aujourd'hui notre pain de ce jour,
pardonne-nous nos offenses
comme nous pardonnons aussi
à ceux qui nous ont offensés,
et ne nous soumets pas à la tentation
mais délivre-nous du Mal.

Puis, dix fois
Réjouis-toi, Marie, comblée de grâce,
le Seigneur est avec toi,
tu es bénie entre toutes les femmes
et Jésus, le fruit de tes entrailles, est béni.

Sainte Marie, mère de Dieu,
prie pour nous, pauvres pécheurs,
maintenant et à l'heure de notre mort.

Doxologie
Gloire au Père, et au Fils,
et au Saint-Esprit,
pour les siècles des siècles.
Amen !

Textes complémentaires

Parmi les textes que vous pourrez choisir pour la célébration de votre mariage, les deux lettres ci-dessous nous révèlent ce qu'est le véritable amour, qui se manifeste dans les actes.

Éloge du véritable amour

Frères, parmi les dons de Dieu, vous cherchez à obtenir ce qu'il y a de meilleur. Eh bien, je vais vous indiquer une voie supérieure à toutes les autres.
J'aurais beau parler toutes les langues de la terre et du ciel, si je n'ai pas la charité, s'il me manque l'amour, je ne suis qu'un cuivre qui résonne, une cymbale retentissante. J'aurais beau être prophète, avoir toute la science des mystères et toute la connaissance de Dieu, et toute la foi jusqu'à transporter les montagnes, s'il me manque l'amour, je ne suis rien.
J'aurais beau distribuer toute ma fortune aux affamés, j'aurais beau me faire brûler vif, s'il me manque l'amour, cela ne me sert à rien.
L'amour prend patience ; l'amour rend service ; l'amour ne jalouse pas ; il ne se vante pas, ne se gonfle pas d'orgueil ; il ne fait rien de malhonnête ; il ne cherche pas son intérêt ; il ne s'emporte pas ; il n'entretient pas de rancune ; il ne se réjouit pas de ce qui est mal, mais il trouve sa joie dans ce qui est vrai ; il supporte tout, il fait confiance en tout, il espère tout, il endure tout. L'amour ne passera jamais.

I Corinthiens 12,31-13,8a

Aimer en actes et en vérité

Mes enfants, nous devons aimer, non pas avec des paroles et des discours, mais par des actes et en vérité. En agissant ainsi, nous reconnaîtrons que nous appartenons à la vérité, et devant Dieu nous aurons le cœur en paix ; notre cœur aurait beau nous accuser, Dieu est plus grand que notre cœur, et il connaît toutes choses.
Mes bien-aimés, si notre cœur ne nous accuse pas, nous nous tenons avec assurance devant Dieu. Tout ce que nous demandons à Dieu, il nous l'accorde, parce que nous sommes fidèles à ses commandements, et que nous faisons ce qui lui plaît. Or, voici son commandement : avoir foi en son Fils Jésus Christ, et nous aimer les uns les autres comme il nous l'a commandé. Et celui qui est fidèle à ses commandements demeure en Dieu, et Dieu en lui ; et nous reconnaissons qu'il demeure en nous, puisqu'il nous a donné son Esprit.

I Jean 3,18-24

Fin de la deuxième étape

Vous voilà arrivés au terme de la deuxième étape de votre préparation au mariage. Une belle expérience de fidélité dans le Seigneur. Faites le point…

Vous avez compris que le mariage est beaucoup plus qu'une simple aventure humaine. Dieu confirme l'appel qu'il vous avait fait en vous créant homme et femme. Votre mariage est un grand bien pour la communauté humaine.

Votre mariage est aussi un grand bien pour l'Église. Dieu vous appelle maintenant à être signe visible et efficace de son œuvre de salut pour tous les hommes. Si vous êtes baptisés, il vous appelle à être sacrement de l'amour du Christ et de l'Église.

À cause de tout cela, Dieu vous appelle aussi à cette perfection de l'amour qui est un don de sa grâce, cette grâce que l'on accueille tout au long de la vie dans les sacrements de réconciliation et de l'eucharistie.

Le moment est donc venu de vous reposer encore une fois certaines questions. Qui est Jésus ? Quelle est ma foi ? Quelle sera notre vie chrétienne ? Et si vous n'êtes pas confirmé(e) ou si vous n'avez pas fait votre première communion, la préparation au mariage peut être l'occasion unique de vous préparer à recevoir ces sacrements.

Vous allez rencontrer un prêtre pour parler de tout ceci.

La profession de foi

À ce moment de votre préparation au mariage, votre accompagnateur vous proposera peut-être de vivre une petite célébration au cours de laquelle vous affirmerez votre foi et prendrez l'engagement de vivre chrétiennement votre vie de couple et de parents.
Ce sera peut-être pour vous comme un nouveau départ.
C'est à vous de décider si vous le souhaitez.

Dieu nous fait miséricorde

La rencontre qui sauve la femme adultère

La conversion de Marie Madeleine

L'aveu de Pierre

Le pardon du paralytique

La réconciliation du lépreux

La pénitence de Zachée

En Église

«N'ayez pas peur ! Ouvrez les portes de votre cœur au Christ ! »
(Jean-Paul II au premier jour de son pontificat)

Par le baptême, l'homme est libéré du péché, recréé et consacré au Seigneur. Mais est-ce si vrai que cela ? Pourquoi nous arrive-t-il de faire le mal ?

Il nous faut comprendre que notre baptême, reçu une fois pour toutes, ne sera pleinement manifesté que lorsque nous serons morts et ressuscités. Dans cette espérance, tout au long de notre vie d'ici-bas, nous accueillons cette grâce du baptême qui est comme « mise en œuvre », par le sacrement de réconciliation. Il y a l'eau du baptême… et les larmes de la contrition.

Parce que le mariage sera votre chemin de sainteté, c'est le moment de renouveler la grâce baptismale, en recevant le sacrement de réconciliation.

Vous rencontrerez un prêtre, celui que vous choisirez – que vous le connaissiez bien, ou au contraire que vous ne le revoyiez jamais. Vous allez confier votre vie à la miséricorde de Dieu, en recevant le sacrement de réconciliation. Peut-être y a-t-il très longtemps que vous ne l'avez pas célébré – peut-être ne savez-vous pas, ou plus, comment faire. Dites-le au prêtre que vous rencontrerez, afin qu'il vous aide dans votre démarche et que vous puissiez célébrer la miséricorde de Dieu en toute sérénité et avec beaucoup de joie.

Dans les pages suivantes, nous allons suivre quelques personnages de l'Évangile, puis entendre saint Paul. Ces hommes et ces femmes, pécheurs, vous feront comprendre ce qu'est la miséricorde quand c'est Dieu qui la donne. Les dispositions de cœur et d'esprit de ces quelques personnages seront des exemples, comme une invitation à vous laisser approcher par le Seigneur, et recevoir son pardon.

La rencontre qui sauve la femme adultère

Les scribes et les pharisiens amènent à Jésus une femme que l'on avait surprise en train de commettre l'adultère. Ils la font avancer et disent à Jésus : « Maître, cette femme a été prise en flagrant délit d'adultère. Or, dans la Loi, Moïse nous a ordonné de lapider ces femmes-là. Et toi, qu'en dis-tu ? » Ils parlaient ainsi pour le mettre à l'épreuve, afin de pouvoir l'accuser. Mais Jésus s'était baissé et, du doigt, il traçait des traits sur le sol. Comme on persistait à l'interroger, il se redressa et leur dit : « Celui d'entre vous qui est sans péché, qu'il soit le premier à lui jeter la pierre. » Et il se baissa de nouveau pour tracer des traits sur le sol. Quant à eux, sur cette réponse, ils s'en allèrent l'un après l'autre, en commençant par les plus âgés. Jésus resta seul avec la femme en face de lui. Il se redressa et lui demanda : « Femme, où sont-ils donc ? Alors, personne ne t'a condamnée ? » Elle répondit : « Personne, Seigneur. » Et Jésus lui dit : « Moi non plus, je ne te condamne pas. Va, et désormais ne pèche plus. »

Jean 8,3-11

Le péché de cette femme est grave, très grave puisqu'il peut la priver de la vie. Pendant un moment Jésus laisse se dérouler la confrontation entre la femme et ses accusateurs. Puis, vient sa réponse qui est d'une subtilité étonnante. Sans nier ce péché d'adultère, Jésus démasque le péché de tous ces hommes rassemblés pour juger et mettre à mort. En effet qui peut juger et condamner, si ce n'est Dieu seul ? Et Dieu c'est lui... Non seulement Jésus ne condamne pas la femme mais il la sauve, il la sauve même doublement ! D'une part parce qu'elle échappe à la lapidation mais aussi et surtout parce qu'elle est pardonnée de son péché et rendue à une vie de fidélité : « Va, et désormais ne pèche plus. »

Dieu ne veut pas la mort du pécheur, il veut qu'il se convertisse et qu'il vive. C'est pour cela qu'il a envoyé son Fils sauver tous les hommes par le pardon des péchés.

Pourquoi est-il si difficile d'aller se confesser ? Pourquoi cela nous effraie-t-il ? Il y a deux raisons à cela. La première est que, comme ces scribes et ces pharisiens, le monde autour de nous juge et condamne. Et Dieu, va-t-il me condamner lui aussi ? Et le prêtre, que va-t-il penser de moi ?

La deuxième est qu'une vraie confession suppose de vouloir changer de vie. En avons-nous vraiment le désir ? Se confesser est certes un acte exigeant. Mais quand on a fait, en vérité, l'expérience de ce sacrement, tout change. Être enfin pardonné(e) de ce qui nous tient en esclavage et recouvrer la liberté... il y a vraiment de quoi sauter de joie ! « Confiance, lève-toi ; il t'appelle » (Marc 10,49b).

La conversion de Marie Madeleine

Marie Madeleine restait là dehors, à pleurer devant le tombeau. Elle se penche vers l'intérieur, tout en larmes, et, à l'endroit où le corps de Jésus avait été déposé, elle aperçoit deux anges vêtus de blanc, assis l'un à la tête et l'autre aux pieds. Ils lui demandent : « Femme, pourquoi pleures-tu ? » Elle leur répond : « On a enlevé le Seigneur mon maître, et je ne sais pas où on l'a mis. » Tout en disant cela, elle se retourne et aperçoit Jésus qui était là, mais elle ne savait pas que c'était lui. Jésus lui demande : « Femme, pourquoi pleures-tu ? Qui cherches-tu ? » Le prenant pour le gardien, elle lui répond : « Si c'est toi qui l'as emporté, dis-moi où tu l'as mis, et moi, j'irai le reprendre. » Jésus lui dit alors : « Marie ! » Elle se tourne vers lui et lui dit : « Rabbouni ! » ce qui veut dire "Maître" dans la langue des juifs. Jésus reprend : « Cesse de me tenir, je ne suis pas encore monté vers le Père. Va plutôt trouver mes frères pour leur dire que je monte vers mon Père et votre Père, vers mon Dieu et votre Dieu. » Marie Madeleine s'en va donc annoncer aux disciples : « J'ai vu le Seigneur, et voilà ce qu'il m'a dit. »

Jean 20,11-18

Le mot conversion veut dire retournement, changement de direction. Les skieurs connaissent bien cette manœuvre si délicate pour les néophytes !

Marie Madeleine regarde vers le tombeau, elle cherche un mort. Puis elle se retourne vers le jardin et voit Jésus. Elle ne le reconnaît pas, puisqu'elle continue « d'espérer » trouver un cadavre. Sur la parole de Jésus, qui l'appelle par son prénom, l'évangéliste nous dit qu'elle se « tourne » – ce qui physiquement contredirait la suite de la rencontre car dans ce cas, elle se retrouverait à nouveau face au tombeau vide – mais il ajoute : « vers lui »... L'auteur veut nous parler d'un mouvement intérieur : Marie Madeleine reconnaît Jésus ressuscité. C'est son cœur qui se convertit. Dans son intelligence de croyante, autrement dit dans sa foi, elle ne cherche plus un mort mais elle rencontre un Vivant. De pleureuse qu'elle était quelques instants auparavant, Marie Madeleine devient témoin de la résurrection de Jésus.

La conversion consiste à « lâcher » tout ce qui en nous est mort et péché pour répondre à l'appel du Christ Vivant, ressuscité, qui nous rend à la joie du pardon. C'est à la fois une brutale prise de conscience, et un lent travail de l'intelligence et du cœur, qui vont opérer un changement radical. Suscitée par le Christ et par notre foi en lui, notre conversion changera aussi notre façon de vivre.

L'aveu de Pierre

Quand ils eurent déjeuné, Jésus dit à Simon-Pierre : « Simon, fils de Jean, m'aimes-tu plus que ceux-ci ? » Il lui répond : « Oui, Seigneur, je t'aime, tu le sais. » Jésus lui dit : « Sois le berger de mes agneaux. » Il lui dit une deuxième fois : « Simon, fils de Jean, m'aimes-tu ? » Il lui répond : « Oui, Seigneur, je t'aime, tu le sais. » Jésus lui dit : « Sois le pasteur de mes brebis. » Il lui dit, pour la troisième fois : « Simon, fils de Jean, est-ce que tu m'aimes ? » Pierre fut peiné parce que, pour la troisième fois, il lui demandait : « Est-ce que tu m'aimes ? » et il répondit : « Seigneur, tu sais tout : tu sais bien que je t'aime. » Jésus lui dit : « Sois le berger de mes brebis. Amen, amen, je te le dis : quand tu étais jeune, tu mettais ta ceinture toi-même pour aller là où tu voulais ; quand tu seras vieux, tu étendras les mains, et c'est un autre qui te mettra ta ceinture, pour t'emmener là où tu ne voudrais pas aller. » Jésus disait cela pour signifier par quel genre de mort Pierre rendrait gloire à Dieu. Puis il lui dit encore : « Suis-moi. »

Jean 21,15-19

Cet épisode se déroule après la Résurrection. Jésus avait choisi Pierre pour être le premier témoin parmi les apôtres. Pierre aimait Jésus. Dans le jardin de Gethsémani, avant que Jésus ne soit arrêté, il affirmait encore à Jésus qu'il ne l'abandonnerait jamais même s'il devait en mourir. Pourtant quelques heures plus tard, interrogé dans la cour du Grand Prêtre sur ses liens avec l'accusé, il le renie trois fois et s'enfuit. Comment pourrait-il croire maintenant que Jésus garde le même projet sur lui ? Comment pourrait-il rester le pasteur de l'Église ? En lui demandant trois fois de professer son amour pour lui, Jésus le conduit avec délicatesse à lui offrir cette faute qui le mine. Il conduit Pierre à l'aveu et en même temps le confirme, dans sa vocation. En effet, en répondant à Jésus : « Tu sais tout », Pierre exprime implicitement son aveu et reconnaît son péché d'orgueil. Trente ans plus tard, Pierre donnera sa vie pour son Seigneur en mourant martyr à Rome.

Cet épisode nous montre deux aspects très importants du sacrement de réconciliation. D'une part, la nécessité d'un aveu précis de nos péchés et non d'un vague fourre-tout, car nous avons besoin d'être libérés, guéris de ce qui concrètement nous fait mal. L'aveu, c'est l'offrande de nos péchés à celui qui nous aime.

D'autre part, la certitude d'être pleinement rétablis dans notre vocation de baptisés. Tout sacrement comporte un aspect de mission. Pierre a poursuivi la sienne jusqu'au martyre et nous poursuivrons la nôtre là où le Christ nous conduit, à commencer dans notre vie conjugale.

Le pardon du paralytique

On apporte à Jésus un paralysé, couché sur une civière. Voyant leur foi, Jésus dit au paralysé : « Confiance, mon fils, tes péchés sont pardonnés. » Or quelques scribes se disaient : « Cet homme blasphème. » Mais Jésus, connaissant leurs pensées, leur dit : « Pourquoi avez-vous en vous-mêmes des pensées mauvaises ? Qu'est-ce qui est le plus facile ? de dire : “Tes péchés sont pardonnés”, ou bien de dire : “Lève-toi et marche” ? Eh bien, pour que vous sachiez que le Fils de l'homme a le pouvoir, sur la terre, de pardonner les péchés… », alors il dit au paralysé : « Lève-toi, prends ta civière et rentre chez toi. » L'homme se leva et rentra chez lui. En voyant cela, la foule fut saisie de crainte, et elle rendait gloire à Dieu qui a donné un tel pouvoir aux hommes.

Matthieu 9,2-8

Jésus a reçu de son Père le pouvoir de pardonner nos péchés. Il a donné ce pouvoir à d'autres hommes qu'il a choisis – les apôtres et leurs successeurs, les évêques, qui le confient à leur tour à des prêtres. La seule disposition qu'il attend de notre part, c'est la foi. Celle qui a poussé quatre hommes à lui amener ce paralysé. Celle, aussi profonde, qui vous pousse à aller rencontrer le prêtre pour vous confesser.

Vous ne demandez pas au Christ de résoudre vos problèmes, fût-ce une paralysie. Vous venez lui demander de vous libérer du mal, au fond de votre âme, qui vous empêche de marcher sur le chemin de l'amour vrai. Parfois, il vous handicape depuis longtemps… Vous demandez au Seigneur d'avoir pitié de ce « paralysé de l'amour » que vous êtes. En faisant le lien entre la guérison de l'infirme et le pardon qu'il reçoit, Jésus révèle que la miséricorde opère un véritable miracle intérieur.

Le pardon est une résurrection de celui qui est mort à cause de son péché : « Lève-toi ! » Jésus emploie les mêmes mots pour la fille de Jaïre qu'il ramène à la vie.

Que veut signifier Jésus en demandant à ce paralytique d'emmener sa civière ? Qu'il doit témoigner de sa guérison ? Qu'il doit porter sa croix, à la suite de Jésus ? Celui qui reçoit le pardon doit en devenir témoin.

La réconciliation du lépreux

Un lépreux vint trouver Jésus : il tombe à ses genoux et le supplie : « Si tu le veux, tu peux me purifier. » Pris de pitié devant cet homme, Jésus étendit la main, le toucha et lui dit : « Je le veux, sois purifié. » À l'instant même, sa lèpre le quitta et il fut purifié. Aussitôt Jésus le renvoya avec cet avertissement sévère : « Attention, ne dis rien à personne, mais va te montrer au prêtre. Et donne pour ta purification ce que Moïse a prescrit dans la Loi : ta guérison sera pour les gens un témoignage. »

Marc 1,40-44

La lèpre est pour les juifs une maladie redoutable non seulement parce qu'elle est très contagieuse mais aussi parce qu'elle est le symbole du péché qui défigure l'homme. Les guérisons sont si rares qu'elles sont considérées comme miraculeuses.

La personne atteinte de lèpre est donc tenue à l'écart de tout contact, séparée de ses proches, isolée hors des murs de la ville. Et plus encore... Comme le malade est considéré comme impur, il ne peut plus se rendre à la synagogue pour l'office de shabbat ni au Temple pour participer aux fêtes et aux sacrifices. Séparé des hommes il l'est aussi de Dieu. Il ne peut plus se regarder sans dégoût, il est comme coupé de lui-même. En cas de guérison, la tradition juive prévoyait une procédure précise pour réintégrer le malade dans la communauté. Il devait aller voir un prêtre du Temple, pour lui faire constater son état. Seul le prêtre pouvait lui rendre sa dignité en déclarant officiellement sa guérison. Dans l'esprit du judaïsme la guérison d'un lépreux est un miracle, le signe de l'intervention divine sur cette personne. L'évangile nous dit que grâce à Jésus le lépreux est purifié. Dans le langage biblique, la forme passive indique qu'il s'agit d'une action de Dieu qui, en l'occurence, s'applique autant à l'état physique du malade qu'à sa condition de pécheur. Puis il l'envoie voir le prêtre, signifiant ainsi qu'il a réconcilié cet homme avec Dieu, avec les autres et avec lui-même. Marc nous fait comprendre jusqu'où va l'amour du Seigneur. Jésus touche le malade terriblement contagieux, et prend sur lui la lèpre – il sera à son tour « exclu », à la place de cet homme ; il sera traité comme un paria, cloué sur une croix hors de la ville. Mais sur ce gibet, le Christ cloue la lèpre du monde. Lui seul peut nous réconcilier avec Dieu, avec nous-mêmes et avec les autres.

La pénitence de Zachée

Jésus traversait la ville de Jéricho. Or il y avait un homme du nom de Zachée ; il était le chef des collecteurs d'impôts, et c'était quelqu'un de riche. Il cherchait à voir qui était Jésus, mais il n'y arrivait pas à cause de la foule, car il était de petite taille. Il courut donc en avant et grimpa sur un sycomore pour voir Jésus qui devait passer par là. Arrivé à cet endroit, Jésus leva les yeux et l'interpella : « Zachée, descends vite : aujourd'hui il faut que j'aille demeurer dans ta maison. » Vite, il descendit, et reçut Jésus avec joie. Voyant cela tous récriminaient : « Il est allé loger chez un pécheur. » Mais Zachée, s'avançant, dit au Seigneur : « Voilà, Seigneur : je fais don aux pauvres de la moitié de mes biens, et si j'ai fait du tort à quelqu'un, je vais lui rendre quatre fois plus. » Alors Jésus dit à son sujet : « Aujourd'hui, le salut est arrivé pour cette maison, car lui aussi est un fils d'Abraham. En effet, le Fils de l'homme est venu chercher et sauver ce qui était perdu. »

Luc 19,1-10

Il est riche, ce Zachée, mais il n'est guère aimé de la population... puisqu'il est collecteur d'impôts !

Alors, qu'attend-il de Jésus ce petit homme ? Pourquoi veut-il le voir ? On ne le sait pas vraiment mais la suite du récit nous indique qu'il avait certainement en lui un grand besoin de changer de vie. Alors qu'il voulait simplement « voir » Jésus, c'est Jésus qui le « voit ». Et, à l'inverse de toute cette foule hostile, le regard que Jésus porte sur lui n'est pas une condamnation mais un appel à accueillir la miséricorde. Zachée est fou de joie parce qu'il n'est plus enfermé dans ses comportements coupables. C'est le miracle opéré par Jésus. Ce salut, le collecteur n'osait pas l'espérer. Le pardon donné par Jésus provoque ici une véritable conversion, que Zachée va exprimer de façon très concrète en réparant le mal qu'il a fait.

De nos jours le mot « pénitence » est devenu synonyme de punition, punition que l'on s'inflige (ou que l'on inflige à autrui) de telle sorte qu'elle soit aussi lourde que la faute qui a été commise.

Vouloir appliquer ce « tarif » à propos du sacrement de réconciliation serait adopter une interprétation bien comptable du pardon de Dieu ! La pénitence n'est pas une rançon à payer pour être pardonné, la pénitence manifeste notre décision de changer de vie. J'ai fait le mal, c'est vrai, et maintenant je peux accomplir le bien. C'est la grâce du sacrement qui est manifestée dans la pénitence.

En Église

Mes frères, je vous encourage à suivre fidèlement l'appel que vous avez reçu de Dieu : ayez beaucoup d'humilité, de douceur et de patience, supportez-vous les uns les autres avec amour ; ayez à cœur de garder l'unité dans l'Esprit par le lien de la paix. Comme votre vocation vous a tous appelés à une seule espérance, de même il n'y a qu'un seul Corps et un seul Esprit. Il n'y a qu'un seul Seigneur, une seule foi, un seul baptême, un seul Dieu et Père de tous, qui règne au-dessus de tous, par tous, et en tous.
En vue du jour de votre délivrance, vous avez reçu en vous la marque du Saint-Esprit de Dieu : ne le contristez pas. Soyez entre vous pleins de générosité et de tendresse. Pardonnez-vous les uns aux autres, comme Dieu vous a pardonné dans le Christ.

Éphésiens 4,1-6.30.32

Parce qu'elle écoute la parole de Dieu, parce qu'elle la proclame, l'Église sait bien ce que le péché dégrade dans le monde. Elle sait aussi combien elle a besoin elle-même de se convertir sans cesse. C'est pourquoi elle appelle instamment tous ses membres à entreprendre personnellement et fraternellement cet effort de renouvellement, de retournement vers Dieu.

La réconciliation dans l'Église n'est pas seulement la somme des milliers de réconciliations individuelles, elle est aussi le fruit de son unité. Elle témoigne d'une fraternité restaurée par le pardon et animée par l'Esprit Saint. Si les chrétiens sont divisés, comment les hommes et les femmes de notre monde découvriront-ils que Dieu est Père ?

Lors des célébrations pénitentielles communautaires, nous vivons ces deux dimensions. En même temps que nous nous laissons chacun réconcilier avec Dieu, l'amour dans notre communauté est rétabli, il peut redevenir un témoignage. Et ce qui est vrai dans l'Église l'est aussi en famille, « petite Église ». Au moment de recevoir le sacrement de réconciliation, vous pouvez considérer ce que vous allez faire pour garder, restaurer et manifester votre unité conjugale.

3e étape

Dieu nous envoie en mission

3e étape

Pour certains, cette troisième étape sera la dernière avant la célébration de leur mariage. Pour d'autres, elle sera une première étape dans leur existence chrétienne de jeunes mariés. Quoi qu'il en soit, vous êtes maintenant invités à vous projeter dans l'avenir. Vous n'êtes plus dans la préparation de la célébration, mais dans la réflexion sur votre vie de couple. Cette étape est évidemment très importante. Vous allez y prendre des décisions qui compteront pour l'avenir. Vous allez continuer et approfondir encore votre dialogue. Vous allez prier ! Trois excellentes habitudes à prendre, dès le début de votre vie conjugale.

Bonne route, et bonne fête !

Dieu nous confie les uns aux autres

La responsabilité des conjoints

La responsabilité des parents

Honore ton père et ta mère

La famille est la première école de l'être homme dans ses différents aspects.

Lettre aux familles (Jean-Paul II)

La responsabilité des conjoints

Frères, puisque vous avez été choisis par Dieu, que vous êtes ses fidèles et ses bien-aimés, revêtez votre cœur de tendresse et de bonté, d'humilité, de douceur, de patience. Supportez-vous mutuellement, et pardonnez si vous avez des reproches à vous faire. Agissez comme le Seigneur : il vous a pardonné, faites de même. Par-dessus tout cela, qu'il y ait l'amour : c'est lui qui fait l'unité dans la perfection.

Colossiens 3,12-14

Colosses est une petite ville située à l'est d'Éphèse, dans la Turquie actuelle. À l'époque où Paul écrit aux chrétiens de Colosses, leur communauté se laisse aller à une tendance classique mais fâcheuse : elle ne rejette pas le Christ, mais elle ne lui accorde pas un attachement total.

Paul s'adresse avec vigueur à ces hommes et ces femmes, nouvellement évangélisés. Il ne mâche pas ses mots pour les inciter à aimer la personne de Jésus, à vivre avec lui dans une relation personnelle plutôt que de célébrer un culte distant. Greffés sur l'amour du Christ ils pourront alors vivre comme lui et se comporter vis-à-vis des frères comme il l'a fait lui-même.

Paul écrit que nous nous aimerons vraiment si, et seulement si, nous sommes animés des mêmes dispositions d'âme que le Seigneur. C'est vrai, y compris entre deux époux. Il nous demande de vivre cela, parce que le mariage nous en donne la grâce.

Si vous regardez la suite de ce texte, vous verrez que Paul parle du comportement des époux entre eux, de celui des parents envers les enfants. Il emploie des termes semblables à ceux que vous avez médités dans l'épître aux Éphésiens (p. 91).

Ce que nous dit la foi chrétienne

Dans le mariage chacun accepte d'être responsable de l'autre.
- Dieu confie la femme à son époux, et l'homme à son épouse.
- Le mariage consiste à aimer et à se laisser aimer.

Aimer l'autre en vue de son bien.
- La bonté consiste à vouloir le bien de l'autre, sans le confondre avec le sien.
- La tendresse est une aptitude à voir ce qui blesse l'autre.

L'ultime don : le pardon.
- Le pardon donné libère celui qui a fait le mal.
- Le pardon est au cœur de la vie conjugale.

Des questions à discuter

Reportez-vous à votre *Carnet de notes* page 33.

Notre prière

Pour notre future vie conjugale

Seigneur, entends la prière qui monte de nos cœurs.

Ellc.
Seigneur, tu as voulu que l'homme soit le serviteur de son épouse :
– donne à P. de vivre dans la charité sa vocation d'époux.

Lui.
Seigneur, tu as voulu que la femme soit une aide qui corresponde à l'homme :
– donne à N. d'être, par sa tendresse et sa pureté, la joie de sa maison.

Elle.
Seigneur, ton Église a été tirée de ton côté transpercé :
– donne à P. de se sacrifier pour moi et pour les siens.

Lui.
Seigneur, ton Église ne cesse de se recevoir de toi dans l'eucharistie :
– donne à N. de vivre en plénitude sa vocation d'épouse.

Ensemble.
Seigneur, tu ne cesses de nous pardonner :
– donne-nous de nous pardonner mutuellement chaque fois qu'il le faudra.

Puis, en vous donnant la main,
Notre Père, qui es aux cieux...

La responsabilité des parents

Chaque année, les parents de Jésus allaient à Jérusalem pour la fête de la Pâque. Quand il eut douze ans, ils firent le pèlerinage suivant la coutume. Comme ils s'en retournaient à la fin de la semaine, le jeune Jésus resta à Jérusalem sans que ses parents s'en aperçoivent. Pensant qu'il était avec leurs compagnons de route, ils firent une journée de chemin avant de le chercher parmi leurs parents et connaissances. Ne le trouvant pas, ils revinrent à Jérusalem en continuant à le chercher.
C'est au bout de trois jours qu'ils le trouvèrent dans le Temple, assis au milieu des docteurs de la Loi : il les écoutait et leur posait des questions, et tous ceux qui l'entendaient s'extasiaient sur son intelligence et sur ses réponses. En le voyant, ses parents furent stupéfaits, et sa mère lui dit : « Mon enfant, pourquoi nous as-tu fait cela ? Vois comme nous avons souffert en te cherchant, ton père et moi ! » Il leur dit : « Comment se fait-il que vous m'ayez cherché ? Ne le saviez-vous pas ? C'est chez mon Père que je dois être. » Mais ils ne comprirent pas ce qu'il leur disait.
Il descendit avec eux pour rentrer à Nazareth, et il leur était soumis. Sa mère gardait dans son cœur tous ces événements. Quant à Jésus, il grandissait en sagesse, en taille et en grâce, sous le regard de Dieu et des hommes.

Luc 2,41-52

Le Temple de Jérusalem tenait une place capitale dans la vie religieuse des juifs. Trois fois par an, ils s'y rendaient en pèlerinage notamment pour la fête de la Pâque. Ensuite les pèlerins reprenaient la route vers leur province d'origine. Ils marchaient en petits groupes une journée, puis, quand la distance était trop longue, faisaient halte le soir. Les familles se reconstituaient, on se saluait, chacun partant ensuite vers son village. Il n'y a donc, dans cet épisode, aucune négligence de la part des parents de Jésus, ni de la part de Jésus d'avoir laissé ses parents dans l'inquiétude.

La recherche pathétique de Joseph et de Marie nous fait comprendre que la filiation divine de cet enfant est, pour eux aussi, un grand mystère. Ils vont avoir, durant toutes les années qui séparent cet épisode du jour où Jésus commencera sa « vie publique », à s'ouvrir à la vocation, à la mission de Jésus leur fils.

Les trois jours mentionnés dans cet évangile rappellent précisément le temps qui s'est écoulé entre la mort et la résurrection de Jésus. Il faut passer par le mystère pascal pour comprendre que Jésus est véritablement chez lui quand il se trouve dans le Temple puisqu'il est chez son Père.

Ce que nous dit la foi chrétienne

« Comment se fait-il que vous m'ayez cherché ? »
- Les parents élèvent leur enfant pour qu'il les quitte un jour.
- La maturité consiste à être capable de se donner à un autre.

« Il descendit avec eux à Nazareth, et il leur était soumis. »
- Les parents sont les premiers responsables de l'éducation de leur enfant.
- L'éducation chrétienne des enfants se fait d'abord en famille.

Le père et la mère de l'enfant.
- L'enfant a besoin d'un père et d'une mère pour grandir.
- Des parents qui s'aiment sont un bien précieux pour les enfants.

Des questions à discuter

Reportez-vous à votre *Carnet de notes* page 34.

Notre prière

Pour mettre en Dieu notre confiance

Heureux l'homme qui met sa foi dans le Seigneur !

Heureux qui craint le Seigneur
et marche selon ses voies !
Tu te nourriras du travail de tes mains :
heureux es-tu ! À toi, le bonheur !

Ta femme sera dans ta maison
comme une vigne généreuse
et tes fils, autour de ta table,
comme des plants d'olivier.

Voilà comment sera béni l'homme
qui craint le Seigneur.
De Sion, que le Seigneur te bénisse !
Tu verras le bonheur de Jérusalem
tous les jours de ta vie,
et tu verras les fils de tes fils.

Psaume 127

Honore ton père et ta mère

Vous, les enfants, obéissez à vos parents dans le Seigneur, c'est cela qui est juste :
« Honore ton père et ta mère », c'est le premier commandement assorti d'une promesse : « Ainsi tu seras heureux et tu auras longue vie sur la terre. »
Et vous, les parents, ne poussez pas à bout vos enfants, mais élevez-les en leur donnant une éducation et des avertissements inspirés par le Seigneur.

Éphésiens 6,1-4

Ce texte fait suite à celui de la page 64, à propos duquel vous avez réfléchi sur votre vocation baptismale. L'ensemble du chapitre de cette épître constitue un enseignement sur la vie de famille. Il serait bon que vous puissiez le relire dans votre Nouveau Testament.

L'auteur de la lettre aux Éphésiens rappelle le premier commandement, qui consiste à honorer ses parents. Vous le trouverez dans le livre du Deutéronome (chapitre 5, versets 6 à 21). À cette occasion, profitez-en pour relire les « dix paroles sacrées », la loi de liberté que Dieu a donnée à Israël.

Dans l'évangile selon saint Marc, nous entendons Jésus critiquer sévèrement les Pharisiens qui préfèrent déclarer « offrande sacrée » les biens qui étaient nécessaires pour subvenir aux besoins matériels de leurs parents (Marc 7,6-13). Le Christ explique très concrètement ce qu'« honorer » veut dire, et aussi combien ce « sacrifice »–là plaît au Seigneur.

Dans le court passage qui vous est proposé, on remarquera le lien entre le respect de ses propres parents et la façon dont on éduque ses enfants. Cette constatation peut être objet de réflexion, et pourquoi pas de conversion...

Ce que nous dit la foi chrétienne

« Ainsi tu seras heureux et tu auras longue vie sur la terre. »
- C'est rendre service à l'enfant que de se faire respecter.
- Le père et la mère doivent être des modèles de respect mutuel.
- Les parents doivent honorer leurs propres parents.

« Ne poussez pas à bout vos enfants. »
- Les parents sont au service de l'enfant et non l'inverse.
- On dresse un animal, on éduque un enfant.

L'éducation vraie est une éducation à la liberté.

Quand surviennent les incompréhensions.
- Les parents peuvent demander pardon à leurs enfants.
- Les familles disloquées sont source de souffrance et souvent de violence.

Des questions à discuter

Reportez-vous à votre *Carnet de notes* page 35.

Notre prière

Pour notre future famille

Jésus, notre modèle, Jésus, notre Sauveur !

Tu as aimé tes parents et tes parents t'aimaient :
– établis les familles dans la paix et dans l'amour.

Tu as voulu te soumettre à Marie et à Joseph :
– enseigne aux enfants la valeur de l'obéissance et du respect.

Tes parents t'ont retrouvé dans la maison du Père :
– apprends aux familles à chercher d'abord le Royaume de Dieu.

Tu as grandi en âge et en grâce dans ta famille de Nazareth :
– donne aux parents d'être des éducateurs attentifs et aimants.

Tu as été reconnu comme le fils du charpentier :
– donne-nous ton courage et ton amour du travail.

Tu as fait partager ta gloire éternelle à Marie et à Joseph :
– fais entrer tous ceux qui nous ont quittés dans la famille des saints.

Dieu nous envoie dans le monde

Envoyés dans le monde

Au milieu des épreuves

Avec un amour ordonné

La famille est le centre et le cœur de la civilisation de l'amour.

Lettre aux familles (Jean-Paul II)

Envoyés dans le monde

Comme les disciples s'étaient rassemblés autour de Jésus, sur la montagne, il leur disait : « Vous êtes le sel de la terre. Si le sel se dénature, comment redeviendra-t-il du sel ? Il n'est plus bon à rien : on le jette dehors et les gens le piétinent.
Vous êtes la lumière du monde. Une ville située sur une montagne ne peut être cachée. Et l'on n'allume pas une lampe pour la mettre sous le boisseau ; on la met sur le lampadaire, et elle brille pour tous ceux qui sont dans la maison. De même, que votre lumière brille devant les hommes : alors, en voyant ce que vous faites de bien, ils rendront gloire à votre Père qui est aux cieux. »

Matthieu 5,13-16

Nous retrouvons le Discours sur la montagne qui commence avec les Béatitudes (voir p. 72) et se termine avec la parabole de la maison fondée sur le roc (voir p. 74). Ce discours est comme le carnet de route du chrétien.

S'appuyant sur deux comparaisons très quotidiennes, Jésus enseigne ici à ses disciples le devoir impérieux du témoignage.

Le sel est doublement utile : d'une part il donne de la saveur aux aliments, même en très faible quantité, d'autre part il permet de les conserver pendant longtemps, « une éternité » pourrait-on dire. Appliquées à la vie chrétienne, ces deux qualités ont aussi une double résonance. La grâce baptismale n'est pas à usage « privé », elle nous est donnée pour la répandre dans le monde tout comme elle est en nous pour nous « conserver » pour toujours dans l'amour de Dieu – c'est d'ailleurs le sens de l'ancien rite du sel que l'on déposait sur la langue du baptisé.

Quant à la lumière, on sait bien que dans le pays de Jésus, les maisons ont peu d'ouvertures, pour se protéger du soleil mais aussi du froid. La pénombre y règne... tout le jour. La lampe est donc indispensable à la vie domestique.

Aujourd'hui, on allume parfois une bougie au moment de la prière familiale, symbole de la lumière de Dieu, indispensable à une vie d'amour. Mais Jésus fait ici un enseignement tout à fait nouveau : « Vous êtes la lumière du monde. » Il ne s'agit plus seulement de se laisser illuminer par Dieu. Il faut éclairer nos frères...

Ce que nous dit la foi chrétienne

« Si le sel se dénature, comment redeviendra-t-il du sel ? »
- Les chrétiens ne doivent pas se taire.
- Les chrétiens sont appelés à être témoins du Christ dans le monde.

La responsabilité du chrétien dans le monde.
- Le chrétien aime le monde dans lequel il est envoyé.
- Il est témoin de la miséricorde de Dieu et du pardon mutuel.

La communion ecclésiale.
- L'enseignement de l'Église et les sacrements sont nécessaires aux laïcs.
- Les prêtres et les diacres sont au service des fidèles laïcs.
- Les laïcs doivent soutenir leurs pasteurs et prier pour eux.

Des questions à discuter

Reportez-vous à votre *Carnet de notes* page 36.

Notre prière

Pour appeler la protection de Dieu

Seigneur, que ton amour soit sur nous, comme notre espoir est en toi.

Heureux le peuple dont le Seigneur
est le Dieu,
heureuse la nation qu'il s'est choisie
pour domaine !
Du haut des cieux, le Seigneur regarde :
il voit la race des hommes.

Dieu veille sur ceux qui le craignent,
qui mettent leur espoir en son amour.

Nous attendons notre vie du Seigneur :
il est pour nous un appui, un bouclier.

La joie de notre cœur vient de lui,
notre confiance est dans son nom très saint.
Que ton amour, Seigneur, soit sur nous
comme notre espoir est en toi !

Psaume 32

Au milieu des épreuves

Frères, si Dieu est pour nous, qui sera contre nous ? Il n'a pas refusé son propre Fils. Il l'a livré pour nous tous : comment pourrait-il avec lui ne pas nous donner tout ? Qui accusera ceux que Dieu a choisis ? Puisque c'est Dieu qui justifie. Qui pourra condamner ? Puisque Jésus Christ est mort ; plus encore : il est ressuscité, il est à la droite de Dieu et il intercède pour nous.Qui pourra nous séparer de l'amour du Christ ? La détresse ? L'angoisse ? La persécution ? La faim ? Le dénuement ? Le danger ? Le supplice ? L'Écriture dit en effet : « C'est pour toi qu'on nous massacre sans arrêt, on nous prend pour des moutons d'abattoir. » Oui, en tout cela nous sommes les grands vainqueurs grâce à celui qui nous a aimés. J'en ai la certitude : ni la mort, ni la vie, ni les esprits, ni les puissances, ni le présent, ni l'avenir, ni les astres, ni les cieux, ni les abîmes, ni aucune créature, rien ne pourra nous séparer de l'amour de Dieu qui est en Jésus Christ notre Seigneur.

Romains 8,31b-39

Tant que nous vivons ici-bas, un combat terrible se joue entre le bien et le mal, la vie et la mort, la souffrance et le bonheur. Nous sommes l'enjeu de ce combat dont l'issue ne fait aucun doute : le Christ est victorieux. Certes, les souffrances de ce monde sont bien réelles, mais que sont-elles à côté de la gloire qui nous attend ?

Les iniquités, les mensonges, les péchés de ce monde ne peuvent rien contre la justice de Dieu. Même le péché, qui continue à nous faire souffrir, ne peut nous submerger, puisque la mort et la résurrection du Christ nous en ont libérés. Jésus, qui est à la droite du Père, intercède sans cesse pour nous.

La vie n'est pas un long fleuve tranquille, la vie chrétienne ne prétend pas l'être davantage. Mais elle peut être animée d'une profonde joie, précisément grâce à l'espérance que Paul nous enseigne : rien ne peut séparer de son amour ceux que le Christ a appelés, et à qui il a donné sa propre gloire.

Ce que nous dit la foi chrétienne

La joie du mariage n'est pas une joie naïve.
- La souffrance marque toutes les familles, sans exception.
- Il peut arriver que des chrétiens soient amenés à faire des choix héroïques.

Le chrétien sait en qui il a mis sa foi.
- Les malheurs peuvent amener l'homme à douter de l'amour de Dieu.
- Jésus est venu pour s'unir à l'humanité souffrante, par amour.

La souffrance peut être féconde.
- Jésus, parce qu'il a aimé jusqu'au bout, a vaincu la mort.
- La souffrance de l'homme, vécue avec amour, participe à la victoire du Christ.

Des questions à discuter

Reportez-vous à votre *Carnet de notes* page 37.

Notre prière

Pour tel ou tel de notre entourage

Seigneur, souviens-toi de tes frères qui souffrent.

Marie et Joseph ont fui en Égypte pour échapper à Hérode :
– souviens-toi, Seigneur, de ceux qui sont exilés, ou sans maison.

Hérode a massacré les saints innocents :
– souviens-toi, Seigneur, des femmes qui sont victimes de l'avortement.

Tu as été charpentier avec ton père :
– souviens-toi, Seigneur,
de ceux qui cherchent du travail.

Tu as ressuscité la fille de Jaïre :
– souviens-toi, Seigneur, de ceux qui ont perdu un enfant.

Tu as été rejeté par les tiens :
– souviens-toi, Seigneur, de ceux qui sont persécutés à cause de leur foi.

Judas t'a livré à ceux qui t'ont crucifié :
– souviens-toi, Seigneur, de ceux dont l'amour est trahi.

Tu es mort sur la Croix :
– souviens-toi, Seigneur, de ceux qui sont morts.

Avec un amour ordonné

Un docteur de la Loi posa une question à Jésus pour le mettre à l'épreuve : « Maître, dans la Loi, quel est le grand commandement ? » Jésus lui répondit : « Tu aimeras le Seigneur ton Dieu de tout ton cœur, de toute ton âme et de tout ton esprit. Voilà le grand, le premier commandement. Et voici le second, qui lui est semblable : "Tu aimeras ton prochain comme toi-même." Tout ce qu'il y a dans l'Écriture, dans la Loi et les Prophètes, dépend de ces deux commandements. »

Matthieu 22,35-40

Jésus est à Jérusalem. Désormais, l'étau se resserre autour de lui. Ses adversaires cherchent, par tous les moyens, à le faire tomber dans leurs pièges pour pouvoir l'accuser d'hérésie et de blasphème. Le moyen le plus subtil est bien sûr de l'interroger sur son interprétation de la Loi. Or, Jésus sait très bien que ses interrogateurs cherchent à le compromettre gravement plutôt qu'à connaître la vérité, mais il ne se dérobe pas et leur répond de façon à toujours leur faire entendre la Vérité de l'Écriture.

Ici, dans sa réponse à la question du docteur de la Loi, Jésus « n'invente » rien. Il reprend simplement – oserait-on dire – deux commandements essentiels dans la vie du croyant. L'un du Décalogue, le premier des Dix Paroles (Deutéronome 6,5), l'autre de la « loi de sainteté » qui régit toute la vie de la communauté juive (Lévitique 19,18).

Avec une insistance remarquable, Jésus met sur le même plan l'amour que l'on doit à Dieu et l'amour que l'on doit au prochain faisant de cette dualité la condition de la fidélité à l'Écriture.

Au moment où ses adversaires veulent le mettre à mort sous le faux prétexte de leur zèle pour Dieu, Jésus les renvoie au commandement de l'amour du prochain. Or, il est lui, Jésus de Nazareth, non seulement leur prochain, mais ce Dieu qu'ils ne veulent pas reconnaître.

Ce que nous dit la foi chrétienne

Aimer Dieu en premier.

- Le temps donné à Dieu dans la prière est une preuve concrète d'amour.
- Aimer Dieu, cela suppose de cultiver sa foi.
- Celui qui aime Dieu se laisse aimer par lui, et donc vit des sacrements.

Il faut s'aimer soi-même.

- Celui qui se sait aimé de Dieu ne peut que s'aimer soi-même.
- Celui qui ne s'aime pas est incapable d'aimer les autres.

Aimer le prochain.

- Le prochain est celui dont on se fait proche, par amour.
- Il est illusoire de prétendre aimer les autres si on n'aime pas les siens.

Des questions à discuter

Reportez-vous à votre *Carnet de notes* page 38.

Notre prière

Vers celui qui est la source de notre amour

Béni sois-tu, Seigneur, Dieu de tendresse et d'amour !

Le Seigneur est tendresse et pitié,
lent à la colère et plein d'amour ;
la bonté du Seigneur est pour tous,
sa tendresse, pour toutes ses œuvres.

Que tes œuvres, Seigneur, te rendent grâce,
et que tes fidèles te bénissent !
Les yeux sur toi, tous, ils espèrent :
tu leur donnes la nourriture au temps voulu.

Le Seigneur est juste en toutes ses voies,
fidèle en tout ce qu'il fait.
Il est proche de tous ceux qui l'invoquent,
de tous ceux qui l'invoquent en vérité.

Psaume 144

Textes complémentaires

Vivre dans l'Esprit du Christ

Frères, nous ne devons pas agir selon notre convenance. Que chacun de nous cherche à faire ce qui convient à son prochain en vue d'un bien vraiment constructif. Car le Christ n'a pas agi selon sa convenance.
Que le Dieu de la persévérance et du courage vous donne d'être d'accord entre vous selon l'esprit du Christ Jésus. Ainsi, d'un même cœur, d'une même voix, vous rendrez gloire à Dieu, le Père de notre Seigneur Jésus Christ.
Accueillez-vous donc les uns les autres comme le Christ vous a accueillis pour la gloire de Dieu, vous qui étiez païens.
Que le Dieu de l'espérance vous remplisse, vous qui croyez, de joie et de paix parfaites, afin que vous débordiez d'espérance par la puissance de l'Esprit Saint.

Romains 15,1b-3a.5-7.13

Vivre dans la charité

Frères, persévérez dans l'amour fraternel. N'oubliez pas l'hospitalité : elle a permis à certains, sans le savoir, de recevoir chez eux des anges. Souvenez-vous de ceux qui sont en prison, car vous partagez leur épreuve. Souvenez-vous de ceux qui sont maltraités, car vous aussi, vous avez un corps. Que le mariage soit respecté par tous, que l'union conjugale ne soit pas profanée. Que votre vie ne soit pas menée par l'amour de l'argent : contentez-vous de ce que vous avez, car Dieu lui-même a dit : « Jamais je ne te lâcherai,jamais je ne t'abandonnerai. » C'est pourquoi nous pouvons dire en toute assurance : Le Seigneur est mon secours, je n'ai rien à craindre !

Hébreux 13,1-4a.5-6

Garder la joie au cœur

Frères, soyez toujours dans la joie du Seigneur ; laissez-moi vous le redire : soyez dans la joie. Que votre sérénité soit connue de tous les hommes. Le Seigneur est proche. Ne soyez inquiets de rien, mais en toute circonstance, dans l'action de grâce priez et suppliez pour faire connaître à Dieu vos demandes. Et la paix de Dieu, qui dépasse tout ce qu'on peut imaginer, gardera votre cœur et votre intelligence dans le Christ Jésus.
Enfin, mes frères, tout ce qui est vrai et noble, tout ce qui est juste et pur, tout ce qui est digne d'être aimé et honoré, tout ce qui s'appelle vertu et qui mérite des éloges, tout cela, prenez-le à votre compte. Ce que vous avez appris et reçu, ce que vous avez vu et entendu de moi, mettez-le en pratique. Et le Dieu de la paix sera avec vous.

Philippiens 4,4-9

Vivre dans la paix et l'unité

Frères, moi qui suis en prison à cause du Seigneur, je vous encourage à suivre fidèlement l'appel que vous avez reçu de Dieu ; ayez beaucoup d'humilité, de douceur et de patience, supportez-vous les uns les autres avec amour ; ayez à cœur de garder l'unité dans l'Esprit par le lien de la paix.
Comme votre vocation vous a tous appelés à une seule espérance, de même il n'y a qu'un seul Corps et un seul Esprit. Il n'y a qu'un seul Seigneur, une seule foi, un seul baptême, un seul Dieu et Père de tous, qui règne au-dessus de tous, par tous, et en tous.

Éphésiens 4,1-6

La liturgie de notre mariage

L'Église prie comme elle croit, c'est-à-dire que sa prière exprime sa foi. Or la prière de l'Église c'est la liturgie, celle de la messe mais aussi celle des sacrements et celle qui rythme la vie des monastères... C'est pourquoi, en préparant la liturgie de votre mariage, vous allez vous trouver comme plongés dans la foi de l'Église.

La liturgie est à la fois un acte de l'homme et un acte de Dieu. Si on ne respecte pas le rituel, on risque fort de détourner la liturgie de son véritable sens, et de la réduire à sa seule dimension humaine. Il y a par exemple des textes profanes fort beaux ou poétiques mais la liturgie donne toujours à entendre la parole de Dieu ; ce qui n'exclut pas d'ailleurs que ces textes bibliques aient une véritable force poétique…

La liturgie de votre mariage devrait être l'expression de votre foi. C'est pourquoi vous la préparerez en choisissant les textes et certaines formules. Le prêtre (ou le diacre) qui recevra vos consentements, éventuellement votre accompagnateur, pourront vous y aider, mais c'est à vous de le faire.

Ainsi la liturgie de votre mariage, qui sera celle de l'Église, sera aussi la vôtre. Et personne ne saura quelle est la prière qui montera du fond de votre cœur vers Dieu pendant la célébration. Personne… sauf Dieu.

Les pages qui suivent vous permettront de choisir les textes et les formules qui correspondent le mieux à votre propre cheminement spirituel au cours de la préparation que vous êtes en train de vivre.

Pour la liturgie de la parole, vous choisirez une ou deux lectures, un psaume, et un évangile. Si vous prenez deux lectures, la première sera tirée de l'Ancien Testament et la seconde du Nouveau Testament.

Vous pouvez recopier sur un bristol les formules que vous avez choisies, pour l'échange des consentements et la remise des alliances. Au cas où l'émotion serait trop forte ! Vous l'emporterez avec vous pour la célébration.

Liturgie de la Parole

Après la prière d'ouverture, commence la liturgie de la Parole.

1 – Première lecture

Lue par un membre de l'assemblée.

Lectures de l'Ancien Testament

- Il les créa homme et femme (Gn 1) p. 18
- Ils ne seront qu'une seule chair (Gn 2) p. 20
- Le mariage d'Isaac et de Rébecca (Gn 24) p. 56
- Le mariage de Tobie et de Sara (Tb 7) p. 31
- La prière de deux jeunes mariés (Tb 8) p. 28
- La femme qui craint le Seigneur (Pr 31) p. 58
- L'amour est fort comme la mort (Ct 2) p. 03
- La femme, lumière de sa maison (Si 26) p. 58
- L'Alliance nouvelle (Jr 31) p. 54

Lectures du Nouveau Testament

- Qui nous séparera du Christ ? (Rm 8) p.106
- La vie nouvelle des chrétiens (Rm 12) p. 76
- Accueillez-vous comme le Christ (Rm 15) p. 110
- Votre corps est temple de l'Esprit (1 Co 6) p. 78
- L'éloge du véritable amour (1 Co 12) p. 80
- Un seul Corps et un seul Esprit (Ep 4) p.110
- Le mystère du mariage (Ep 5) p. 64
- Le Dieu de la paix sera avec vous (Ph4) p.110
- Vivre dans l'action de grâce (Col 3) p. 96
- Que tous respectent le mariage (He 13) p.110
- L'union et la paix du foyer chrétien (1 P 3) p. 59
- Aimer par des actes et en vérité (1 Jn 3) p. 80
- Dieu est amour (1 Jn 4) p. 59
- Les noces de l'Agneau et de l'Église (Ap 19) p. 68

2 – Psaume

Le psaume est chanté ou récité avec un refrain.

- Hymne à la providence de Dieu (Ps 32) p. 105
- La crainte de Dieu et son fruit (Ps 33) p. 27
- Hymne à la miséricorde de Dieu (Ps 102) p. 55
- Éloge de la crainte de Dieu (Ps 111) p. 73
- Bonheur du juste dans sa maison (Ps 127) p. 99
- Hymne à Dieu grand et bon (Ps 144) p. 109
- Hymne à la louange de Dieu (Ps 148) p. 19

3 – Évangile

Après le chant de l'Alléluia, le célébrant proclame l'Évangile.

- Ne séparez pas ce que Dieu a uni (Mc 10) p. 31
- L' indissolubilité du mariage (Mt 19) p. 26
- Jésus et Marie aux noces de Cana (Jn 2) p. 66
- Sel de la terre et lumière du monde (Mt 5) p. 104
- Les Béatitudes (Mt 5) p. 72
- « Demeurez dans mon amour » (Jn 15) p. 38
- Aimer comme Jésus nous a aimés (Jn 15) p. 38
- La maison bâtie sur le roc (Mt 7) p. 74
- Le grand commandement (Mt 22) p. 108
- « Que leur unité soit parfaite » (Jn 17) p. 77

4 – Homélie

Le prêtre ou le diacre prononce l'homélie.

Liturgie sacramentelle

Dialogue initial avec les futurs époux

Si les deux sont baptisés.

Vous choisirez l'une de ces deux formules.

Première formule

N. et N., vous avez écouté la parole de Dieu qui révèle la grandeur de l'amour humain et du mariage.
Vous allez vous engager l'un envers l'autre dans le mariage.
Est-ce librement et sans contrainte ?
Les futurs époux (séparément) : Oui.

En vous engageant dans la voie du mariage vous vous promettez amour mutuel et respect.
Est-ce pour toute votre vie ?
Les futurs époux (séparément) : Oui (pour toute notre vie).

Êtes-vous prêts à accueillir les enfants que Dieu vous donne et à les éduquer selon l'Évangile du Christ et dans la foi de l'Église ?
Les futurs époux (séparément) : Oui.

On peut ajouter, si cela convient :
Êtes-vous disposés à assumer ensemble votre mission de chrétiens dans le monde et dans l'Église ?
Les futurs époux (ensemble) : Oui.

Deuxième formule

Avec N. et N., nous avons écouté la parole de Dieu, qui révèle la grandeur de l'amour humain et du mariage.
Le mariage suppose que les époux s'engagent l'un envers l'autre librement et sans contrainte, qu'ils se promettent amour mutuel et respect pour toute leur vie, qu'ils accueillent les enfants que Dieu leur donne et les éduquent selon l'Évangile du Christ et la foi de l'Église.
N. et N., est-ce bien ainsi que vous voulez vivre dans le mariage ?
Les fiancés (séparément) : Oui.

On peut ajouter, si cela convient :
Êtes-vous disposés à assumer ensemble votre mission de chrétiens dans le monde et dans l'Église ?
Les futurs époux (ensemble) : Oui.

Dialogue initial avec les futurs époux

Si l'un des deux est catéchumène ou non baptisé.

Vous choisirez l'une de ces deux formules.

Première formule

N. et N., vous avez écouté la parole de Dieu qui révèle la grandeur de l'amour humain et du mariage. Vous allez vous engager l'un envers l'autre dans le mariage. Est-ce librement et sans contrainte ?
Les futurs époux (séparément) : Oui.

En vous engageant dans la voie du mariage, vous vous promettez amour mutuel et respect. Est-ce pour toute votre vie ?

Les futurs époux (séparément) : Oui (pour toute notre vie).

Dans le foyer que vous allez fonder, acceptez-vous la responsabilité d'époux et de parents ?
Les futurs époux (séparément) : Oui (nous l'acceptons).

Deuxième formule

Avec N. et N., nous avons écouté la parole de Dieu, qui révèle la grandeur de l'amour humain et du mariage.
Le mariage suppose que les époux s'engagent l'un envers l'autre librement et sans contrainte, qu'ils se promettent amour mutuel et respect pour toute leur vie, et acceptent la responsabilité d'époux et de parents.
N. et N., est-ce bien ainsi que vous voulez vivre dans le mariage ?
Les fiancés (séparément) : Oui.

Échange des consentements

Vous choisirez l'une de ces quatre formules.
Les futurs époux se donnent la main droite, puis échangent leur consentement.

Première formule

Le futur époux : Moi, N., je te reçois N. comme épouse et je promets de te rester fidèle, dans le bonheur et dans les épreuves, dans la santé et dans la maladie, pour t'aimer tous les jours de ma vie.
La future épouse : Moi, N., je te reçois N. comme époux et je promets de te rester fidèle, dans le bonheur et dans les épreuves, dans la santé et dans la maladie, pour t'aimer tous les jours de ma vie.

Deuxième formule

Le futur époux : N., veux-tu être ma femme (mon épouse) ?
La future épouse : Oui (je le veux).
Et toi, N., veux-tu être mon mari (mon époux) ?
Le futur époux : Oui (je le veux).
Moi, N., je te reçois N. comme épouse et je serai ton époux. Je promets de t'aimer fidèlement dans le bonheur et dans les épreuves tout au long de notre vie.
La future épouse : Moi, N., je te reçois N. comme époux et je serai ton épouse. Je promets de t'aimer fidèlement dans le bonheur et dans les épreuves tout au long de notre vie.

Troisième formule

Le futur époux : N., veux-tu être ma femme (mon épouse) ?
La future épouse : Oui, je veux être ta femme (ton épouse).
Et toi, N., veux-tu être mon mari (mon époux) ?
Le fiancé : Oui, je veux être ton mari (ton époux).
La future épouse : Je te reçois comme époux et je me donne à toi.
Le futur époux : Je te reçois comme épouse et je me donne à toi.
Ensemble : Pour nous aimer fidèlement dans

le bonheur et dans les épreuves, et nous soutenir l'un l'autre, tout au long de notre vie.

Quatrième formule

Malgré votre aide-mémoire, vous pouvez craindre que l'émotion soit telle que vous aurez de réelles difficultés à prononcer l'une des formules précédentes.
Dans ce cas, cette formule peut être utilisée.

N., voulez-vous prendre N. comme épouse, et promettez-vous de lui rester fidèle, dans le bonheur et dans les épreuves, dans la santé et dans la maladie, pour l'aimer tous les jours de votre vie ?
Le futur époux : Oui.

N., voulez-vous prendre N. comme époux, et promettez-vous de lui rester fidèle, dans le bonheur et dans les épreuves, dans la santé et dans la maladie, pour l'aimer tous les jours de votre vie ?
La future épouse : Oui.

Bénédiction et remise des alliances

Vous choisirez parmi ces quatres formules celles que le prêtre ou le diacre prononcera avant la remise des alliances.

Première formule

Que le Seigneur bénisse les alliances que vous allez vous donner l'un à l'autre en signe d'amour et de fidélité.
R/ Amen.

Deuxième formule

Seigneur, bénis les alliances que nous bénissons en ton nom. Donne à N. et N. de se garder l'un à l'autre une entière fidélité : qu'ils demeurent dans la paix en faisant ta volonté, qu'ils vivent toujours dans l'amour mutuel.
R/ Amen.

Troisième formule

Bénis, Seigneur, et sanctifie dans leur amour tes serviteurs N. et N. ; ces alliances sont pour eux signes de fidélité : qu'elles soient aussi le rappel de leur tendresse.
R/ Amen.

Quatrième formule

Seigneur, notre Dieu, toi qui as fait Alliance avec nous par Jésus Christ, bénis maintenant ces alliances : qu'elles soient pour N. et N. le signe de leur fidélité et le rappel de leur amour.
R/ Amen.

Puis vous vous les donnerez l'un à l'autre en disant :
L'époux : N., reçois cette alliance, signe de mon amour et de ma fidélité. (Au nom du Père, et du Fils, et du Saint-Esprit.)
L'épouse : N., reçois cette alliance, signe de mon amour et de ma fidélité. (Au nom du Père, et du Fils, et du Saint-Esprit.)

En signe de reconnaissance pour le don du sacrement de mariage, l'assemblée peut chanter une acclamation, une hymne ou un cantique de louange.

Les prières de notre mariage

Prière des époux

Une fois le sacrement célébré, vous êtes invités à prononcer votre première prière d'époux.
Il est bon de la composer vous-mêmes, éventuellement avec l'aide de votre accompagnateur ou d'un prêtre. Vous la lirez à voix haute, ensemble, lentement, devant toute l'assemblée qui vous entoure.

Même si vous choisissez de ne pas la dire publiquement, écrivez-la tout de même. Dieu vous connaît dans le secret de votre cœur.

Le croyant est toujours exaucé, quand il demande ce que le Père veut donner et ses dons sont innombrables ! Jésus nous le confirme : « Si vous demeurez en moi, et que mes paroles demeurent en vous, demandez tout ce que vous voudrez, et vous l'obtiendrez. » (Jean 15).
Rappelez-vous le chemin parcouru et demandez-vous quel don Dieu a préparé pour vous. À ce moment, vous ne prierez... que pour vous !
Ne vous contentez pas de demandes vagues, mais priez le Seigneur qu'il vous accorde tel don, qui vous tient à cœur. Votre prière témoignera, auprès de ceux qui vous entourent, de votre foi et de votre espérance.

La prière universelle

Un peu plus tard, dans la célébration, on prononcera cette prière. Comme son nom l'indique, elle manifeste l'ouverture de votre cœur à la dimension de l'humanité.

C'est vous qui devrez l'écrire, éventuellement avec l'aide de ceux qui vous accompagnent. Vous priez par exemple :

◆ Pour l'Église. Qu'elle soit fidèle dans sa prédication sur le mariage… Qu'elle soit une aide pour les familles… Que le Seigneur nous donne des prêtres…
◆ Pour ceux qui nous gouvernent. Qu'ils respectent et protègent la famille, la vie… Les handicapés… Les personnes âgées...
◆ Pour ceux qui souffrent. Les malades… Les veufs… Les chômeurs… Ceux dont l'amour a été trahi…
◆ Pour ceux qui seront présents autour de vous, et pour ceux de vos familles qui sont morts.
N'hésitez pas à demander conseil pour la forme...

La prière universelle sera lue par une ou plusieurs personnes que vous aurez choisies. Après chaque intention, l'assemblée pourra reprendre un refrain.

Bénédiction nuptiale

Cette grande prière appelle le don de l'Esprit Saint sur les nouveaux époux.

Choisir la bénédiction nuptiale est une nouvelle occasion de dialogue entre vous deux, en regardant le chemin parcouru ensemble. La structure de cette bénédiction est la suivante :

- l'assemblée est invitée à prier,
- un temps de silence s'installe,
- le prêtre ou le diacre prononce la bénédiction choisie, les mains étendues.

Première bénédiction nuptiale

En particulier s'il y a une eucharistie.

Après la formule d'introduction adaptée, le célébrant continue :

Père saint, tu as créé l'homme et la femme pour qu'ils forment ensemble ton image dans l'unité de la chair et du cœur, et accomplissent ainsi leur mission dans le monde.
Afin de révéler le dessein de ta grâce, tu as voulu que l'amour de l'homme et de la femme soit déjà un signe de l'Alliance que tu as conclue avec ton peuple, et tu veux que dans le sacrement de mariage l'union des époux exprime le mystère des noces du Christ et de l'Église.
Nous te prions de bénir N. et N., de les prendre sous ta protection, et de mettre en eux la puissance de ton Esprit Saint.
Fais que tout au long de leur vie commune sanctifiée par ce sacrement, ils échangent entre eux les dons de ton amour, et qu'en étant l'un pour l'autre un signe de ta présence, ils deviennent un seul cœur et un seul esprit.
Accorde-leur de pouvoir assurer par leur travail la vie de leur foyer et d'élever leur enfants selon l'Évangile pour qu'ils fassent partie de ta famille éternellement.
Accorde à N. (l'épouse) la plénitude de ta bénédiction : qu'elle réponde à sa vocation d'épouse et de mère, qu'elle soit par sa pureté de cœur et sa tendresse la joie de sa maison.
Accorde aussi ta bénédiction à N. (l'époux) pour qu'il se dévoue à toutes ses tâches d'époux fidèle et de père attentif.
(Et puisqu'ils vont maintenant partager le repas de ton eucharistie,) Père saint, donne-leur à tous deux la joie d'être un jour tes convives au festin de ton Royaume.
Par Jésus, le Christ, notre Seigneur.
Tous : Amen.

Deuxième bénédiction nuptiale

En particulier s'il n'y a pas d'eucharistie.

Après la formule d'introduction adaptée, le célébrant continue :

Dieu tout-puissant, tu as créé toutes choses et dès le commencement tu as ordonné l'univers ; en faisant l'homme et la femme à ton image, tu as voulu que la femme demeure pour l'homme une compagne inséparable et qu'ils ne soient désormais plus qu'un, nous signifiant ainsi de ne jamais rompre l'unité qu'il t'avait plu de créer ;
Dieu qui a sanctifié les noces par un si grand mystère que tu en as fait le sacrement de l'Alliance du Christ et de l'Église ;
Dieu qui a uni l'homme et la femme, et qui

dès l'origine as béni cette union de la seule bénédiction qui soit demeurée après la peine venue de la faute originelle et la condamnation par le déluge ;
Regarde avec bonté ton serviteur et ta servante N. et N., unis par les liens du mariage et qui demandent le secours de ta bénédiction. Envoie sur eux la grâce de l'Esprit Saint : par ta charité répandue dans leurs cœurs, qu'ils demeurent fidèles à l'alliance conjugale.
Que cette nouvelle mariée soit toute paix et tendresse ; qu'elle se conduise comme les saintes femmes dont l'Écriture a fait l'éloge. Que son époux lui donne sa confiance ; reconnaissant qu'elle est son égale, héritière avec lui de la grâce de vie, qu'il la respecte et l'aime toujours, comme le Christ a aimé son Église.
Et maintenant, Seigneur, nous t'en prions : accorde-leur d'être fermes dans la foi et d'aimer tes commandements ; qu'ils se gardent fidèles l'un à l'autre et que leur vie soit belle aux yeux de tous ; que la puissance de l'Évangile les rende forts et qu'ils soient de vrais témoins du Christ.
Que leur union soit féconde, qu'ils se conduisent en parents justes et bons et que tous deux aient la joie de voir les enfants de leurs enfants.
Après une vieillesse heureuse, qu'ils parviennent à la vie sans fin dans le Royaume des cieux.
Par Jésus, le Christ, notre Seigneur.
Tous : Amen.

Troisième bénédiction nuptiale

Après la formule d'introduction, le célébrant continue :
Père très saint, Créateur du monde, toi qui as fait l'homme et la femme à ton image, toi qui as voulu leur union et qui l'as bénie, nous te prions humblement pour N. et N., qui sont unis aujourd'hui par le sacrement de mariage. Que ta bénédiction descende sur eux. Que la force de l'Esprit Saint les enflamme de ton amour ;
Qu'ils trouvent le bonheur en se donnant l'un à l'autre ; que des enfants viennent embellir leur foyer et que l'Église en soit enrichie.
Dans la joie, qu'ils sachent te remercier ; dans la tristesse, qu'ils se tournent vers toi ; que ta présence les aide dans leur travail ; qu'ils te trouvent à leur côté dans l'épreuve pour alléger leur fardeau.
Qu'ils participent à la prière de ton Église et témoignent de toi dans le monde.
Enfin, après avoir vécu longtemps heureux, qu'ils parviennent, entourés de leurs amis, dans le Royaume des cieux.
Par Jésus, le Christ, notre Seigneur.
Tous : Amen.

Pour un mariage d'un baptisé catholique avec un catéchumène ou un non baptisé.

Après la formule d'introduction, le célébrant continue :

Père très saint, Créateur du monde, toi qui as fait l'homme et la femme à ton image, toi qui as voulu leur union et qui l'as bénie, nous te prions humblement pour N. et N., qui se sont unis aujourd'hui par les liens du mariage.
Que ta bénédiction descende en abondance sur eux. Que la force de l'Esprit Saint les enflamme de ton amour ; qu'ils trouvent le bonheur en se donnant l'un à l'autre ; qu'ils mènent leur vie avec droiture et se montrent

des parents exemplaires.
Quand ils seront dans la joie, qu'ils sachent te remercier ; s'ils sont dans la tristesse, qu'ils se tournent vers toi ; que ta présence les aide dans leur travail ; qu'ils te trouvent à leur côté dans l'épreuve pour alléger leur fardeau.
Enfin, après avoir vécu longtemps heureux, qu'ils parviennent, entourés de leurs amis, dans le Royaume des cieux.
Par Jésus, le Christ, notre Seigneur.
Tous : Amen.

Cette bénédiction nuptiale peut être omise et remplacée par la prière suivante :

Sois favorable à nos prières, Seigneur, veille avec bonté sur le mariage que tu as établi pour la vie et la croissance du genre humain : que ta grâce daigne conserver ce qui tient de toi son origine.
Par Jésus, le Christ, notre Seigneur.
Tous : Amen.

Quatrième bénédiction nuptiale

Cette formule ne peut être employée que pour des époux qui communient.

Après la formule d'introduction, le célébrant continue :

Seigneur notre Dieu, tu as appelé par leur nom N. et N. pour qu'en se donnant l'un à l'autre ils deviennent une seule chair et un seul esprit ; donne-leur le corps de ton Fils par qui s'accomplira leur unité.
Tu es la source de leur amour et tu as mis en eux le désir de bonheur qui les anime (donne-leur le sang de ton Fils qui sanctifiera leur amour et leur joie).
En recevant le pain de vie (et la coupe de bénédiction), qu'ils apprennent à donner leur vie pour les autres ; sous la conduite de ton Esprit Saint : qu'ils élèvent dans la fidélité à l'Évangile les enfants qui naîtront de leur amour ; qu'ils recherchent avant toutes choses le Royaume de Dieu et sa justice ; qu'ils soient utiles au monde où ils vivront ; qu'ils se montrent accueillants aux plus pauvres ; qu'ils puissent toujours te rendre grâce, et viennent souvent renouveler leur alliance en communiant ensemble au corps ressuscité de Jésus Christ.
C'est par lui que nous te prions : puisqu'il a sanctifié les noces de Cana, et purifié son Église en se livrant pour elle, nous savons qu'il intercède auprès de toi pour N. et N., aujourd'hui, demain et tous les jours de leur vie, jusque dans les siècles des siècles.
Tous : Amen.

Cinquième bénédiction nuptiale

Cette formule peut être utilisée pour le mariage avec un baptisé non catholique.

Seigneur notre Dieu, Créateur de l'univers et de tout ce qui vit, tu as fait l'homme et la femme à ta ressemblance ; et pour qu'ils soient associés à ton œuvre d'amour, tu leur as donné un cœur capable d'aimer.
Tu as voulu qu'aujourd'hui, dans cette église, N. et N. unissent leur vie.
Tu veux maintenant qu'ils construisent leur foyer, qu'ils cherchent à s'aimer chaque jour davantage et suivent l'exemple du Christ, lui qui a aimé jusqu'à mourir sur une croix.
Bénis, protège et fortifie l'amour de ces nouveaux époux : que leur amour soutienne leur

fidélité ; qu'il les rende heureux et leur fasse découvrir dans le Christ la joie du don total à celui qu'on aime.
Que leur amour, semblable à ton amour, Seigneur, devienne une source de vie ; qu'il les garde attentifs aux appels de leur prochain ; et que leur foyer soit ouvert aux autres. En s'appuyant sur leur amour, avec la force de l'Esprit, qu'ils prennent une part active à la construction d'un monde plus juste et fraternel et soient ainsi fidèles à leur vocation humaine et chrétienne.
Par Jésus, le Christ, notre Seigneur.
Tous : Amen.

Sixième bénédiction nuptiale

Cette bénédiction peut être chantée ou dialoguée.

Après l'introduction, l'assemblée chante le refrain :

R/ Béni sois-tu, Seigneur, ton amour fait pour nous des merveilles.

Puis le prêtre ou le diacre continue :

Béni sois-tu, Dieu notre Père, pour ton amour, source de tout amour. Tu as voulu que l'amour de l'homme et de la femme soit un signe de l'Alliance que tu conclus avec ton peuple. Béni sois-tu !

R/ Béni sois-tu, Seigneur, ton amour fait pour nous des merveilles.

Béni sois-tu, Père de notre Sauveur, pour l'Alliance nouvelle scellée dans la Pâque de ton Fils. Toi qui veux aujourd'hui que l'union de N. et N. signifie l'union du Christ et de son Église, béni sois-tu !

R/ Béni sois-tu, Seigneur, ton amour fait pour nous des merveilles.

Béni sois-tu, toi qui envoies ton Esprit pour associer tes enfants à la mission de ton Fils. Toi qui veux que ces nouveaux époux, en étant l'un pour l'autre un signe de ta tendresse, deviennent un seul corps et un seul esprit, béni sois-tu !

R/ Béni sois-tu, Seigneur, ton amour fait pour nous des merveilles.

Dieu de l'Alliance, nous te prions pour ces époux dont tu as consacré l'union : envoie sur eux ton Esprit et comble-les de tes bienfaits. Qu'ils connaissent ensemble de longues années de bonheur, qu'ils se soutiennent dans les épreuves. Que leur foyer grandisse dans le respect, l'écoute et le pardon mutuel, dans la recherche de la justice, et le souci des pauvres. Qu'ils connaissent la joie d'une famille heureuse, qu'ils donnent à leurs enfants le goût de vivre selon l'Évangile. Au terme d'une vie sanctifiée par la grâce de leur mariage, qu'ils parviennent à la plénitude du bonheur avec les saints du ciel dans ton Royaume. Par Jésus, le Christ, notre Seigneur.

R/Amen.

Prends chez toi Marie

Il est bon, à la fin de la célébration d'un mariage, de confier à Marie toute votre vie de couple, dans une prière. Il est bon de le refaire chaque jour, dans votre prière conjugale.

Près de la croix de Jésus se tenait sa mère, avec la sœur de sa mère, Marie, femme de Cléophas, et Marie Madeleine. Jésus, voyant sa mère, et près d'elle le disciple qu'il aimait, dit à sa mère : « Femme, voici ton fils. » Puis il dit au disciple : « Voici ta mère. » Et à partir de cette heure-là, le disciple la prit chez lui.

Jean 19,25-27

« Le disciple que Jésus aimait » est Jean, l'évangéliste. Mais cette formule " anonyme " nous fait comprendre que chacun de nous est ce disciple que Jésus chérit. Il nous confie chacun à Marie, sa mère et notre mère.

La Vierge

Marie est la Vierge comblée de grâce, demeure de l'Esprit Saint.
Modèle de toute sainteté, parce qu'elle est entièrement tournée vers le Père ; modèle de la foi quand, à l'Annonciation, elle répond à l'ange : « Voici la servante du Seigneur. » (Lc 1,38) ; modèle d'écoute de Jésus, à Cana : « Tout ce qu'il vous dira, faites-le. » (Jn 2,5) ; modèle de contemplation des mystères de son fils à travers le rosaire.

La femme

Jésus, l'Époux, voit déjà celle qui sera tirée de son côté transpercé. Il nomme « femme » sa mère, parce que Marie annonce la nouvelle Ève, l'Église.
Au pied de la Croix, Marie devient mère de l'Église. Jésus lui demande de rester chez nous, puisque nous sommes appelés à être enfants du Père. Jésus nous demande de prendre chez nous notre mère, de l'accueillir dans notre famille. Dans beaucoup de maisons, on a posé une image de Marie.

La mère

Marie est la mère de Jésus, et donc la mère de tous les hommes.
Elle n'est pas une intermédiaire entre Dieu et nous – le seul médiateur, c'est Jésus. Mais elle nous éduque, dans l'ordre de la vie spirituelle, comme notre mère l'a fait, dans l'ordre de la vie humaine.

La consécration

Tout homme est appelé à être consacré à Dieu, par le baptême. Le meilleur moyen pour le vivre, c'est de se placer à l'école de Marie. Tout faire avec elle, en elle et par elle est la plus sûre façon d'être consacré à Dieu.

Pour une belle célébration

Une célébration réussie sera un témoignage pour ceux que vous aurez invités, et une façon pour vous de rendre gloire à Dieu. Cela suppose de veiller aux détails... Le prêtre ou le diacre qui va recevoir vos consentements le fera avec vous.

La préparation de l'église

Il faut parfois nettoyer l'église. Vérifiez qu'il y aura assez de chaises. Quels sièges pour les mariés ? Une personne est-elle chargée, dans la paroisse, de la décoration florale ? Prenez contact avec elle... Vous pourrez généreusement laisser dans l'église les fleurs que vous aurez apportées. Après la célébration, laissez les lieux comme vous les avez trouvés. Demandez dès maintenant à quelques amis de s'en charger, sitôt la célébration terminée.

Le choix des intervenants

Si vous voulez un organiste, demandez-le au curé. En général, il travaille au cachet, et vous devrez donc vous en acquitter. Il faut choisir avec soin la personne qui dirigera les chants. Il est préférable qu'elle en ait l'habitude... Veillez cependant à ce que la célébration ne soit pas un concert. Choisissez des chants que l'assemblée connaît. Vous désignerez parmi vos proches ceux qui proclameront lectures, éventuellement le psaume, ainsi que la prière universelle. Ce n'est pas facile de lire en public, à voix haute, pendant une liturgie émouvante. Les lecteurs pourront s'exercer avant la célébration. Au cours de la célébration, il est juste de faire une quête. Qui s'en chargera ? Et quand ? Si ce sont des enfants, prévoyez de les faire accompagner par des adultes. Si vous avez un photographe "officiel", vous pouvez demander qu'il soit le seul à photographier, au moins dans l'église : la célébration sera plus recueillie. Un conseil, cependant : demandez par sécurité à une autre personne de doubler votre photographe, au cas où...

L'organisation des mouvements

Qui fera entrer les invités dans l'église avant vous ? Qui leur montrera où se placer ? S'il y a beaucoup d'enfants pour votre mariage, tant mieux ! Mais où seront-ils placés ? Qui s'occupera d'eux ? Comment organiserez-vous le cortège d'entrée ? Généralement, le marié entre le premier, au bras de sa mère, puis le prêtre, suivi des enfants d'honneur, et enfin la mariée au bras de son père. Mais on peut aussi placer dans le cortège les grands-parents, les frères et sœurs, les témoins. Chargez quelqu'un de superviser ces mouvements. Où se placeront les témoins ? Comment se fera le mouvement de ceux qui proclament les lectures, qui disent la prière universelle ?

Le livret de la célébration

Beaucoup de fiancés préparent un livret de célébration pour permettre aux invités de mieux participer à la cérémonie. L'informatique permet de réaliser de véritables merveilles... Sur ce livret, contentez-vous de l'essentiel : les lectures, les chants, la prière des époux, la prière universelle... On peut aussi y inscrire les étapes de la célébration. Mais pas besoin d'éditer un livre... Vous pouvez demander à votre accompagnateur de vous fournir un modèle des rubriques à faire figurer dans ce livret.
Pensez à vous y prendre à l'avance, c'est un véritable travail. Qui disposera les livrets sur les chaises avant la cérémonie ? Qui les récupèrera après ? Ne faites pas tout vous-mêmes !

L'offrande pour votre mariage

Les dons des fidèles sont la seule ressource de l'Église. Vous avez été reçus généreusement, donnez généreusement ! Les livres qu'on vous a donnés ont un coût, le personnel de l'église touche un salaire, les prêtres vivent de leur ministère... Réfléchissez : quelle est la part de l'Église dans les dépenses que vous avez faites pour votre mariage ? Vous aurez peut-être à répartir votre don entre la paroisse de la préparation et celle de la célébration. C'est à vous d'en décider.

Table des matières

Vous êtes venus vers l'Église... 3
Une heure pour nous 4
1er temps : Trouver le calme
2e temps : La parole de Dieu
3e temps : La réflexion et la discussion
4e temps : La prière

Un petit bilan 11

Deuxième rencontre d'accueil 12

1re étape - Le dessein d'amour de Dieu 14

Dieu est l'auteur de l'Alliance 16
À son image il nous créa 18
Homme et femme il nous créa 20

Pour préparer votre prochaine rencontre 22
Il faut aussi penser aux choses matérielles ! 23

Ce que Dieu veut pour notre alliance 24
Mon engagement est pour toute la vie 26
Nous voulons des enfants 28

Pour préparer votre prochaine rencontre 30
Textes complémentaires 31

Nous voulons ce que Dieu veut 32
Je veux 34
Je te reçois 36
Je me donne à toi 38

Nous avons rompu l'Alliance 40
Le péché originel 42
La promesse du salut 44

Reconnaître son péché 46

Jésus nous rétablit dans l'Alliance 48

Jésus recrée notre amour 50

Appelés à la vraie liberté 52

Je te promets fidélité 54

Fin de la première étape 56

Les lettres d'intention 57

Textes complémentaires 58

2e étape - Dieu consacre notre amour 60

Dieu fait de notre alliance un sacrement 62

Notre vocation baptismale 64

Accomplie dans l'eucharistie 66

En vue des noces éternelles 68

Dieu nous appelle à une alliance sainte 70

Le vrai bonheur 72

Tous nos actes sont importants 74

La vérité de l'amour 76

La chasteté dans le mariage 78

Textes complémentaires 80

Fin de la deuxième étape 81

Dieu nous fait miséricorde 82

La rencontre qui sauve la femme adultère 85

La conversion de Marie Madeleine 86

L'aveu de Pierre 87

Le pardon du paralytique 88

La réconciliation du lépreux 89
La pénitence de Zachée 90
En Église 91

3e étape - Dieu nous envoie en mission 92

Dieu nous confie les uns aux autres 94
La responsabilité des conjoints 96
La responsabilité des parents 98
Honore ton père et ta mère 100

Dieu nous envoie dans le monde 102
Envoyés dans le monde 104
Au milieu des épreuves 106
Avec un amour ordonné 108

Textes complémentaires 110

La liturgie de notre mariage 111
Liturgie de la Parole 112
Liturgie sacramentelle 113
Les prières de notre mariage 116
Bénédiction nuptiale 117

Prends chez toi Marie 121

Pour une belle célébration 122